LAVOISIER

G. SCHELLE ET E. GRIMAUX

LAVOISIER

—

STATISTIQUE AGRICOLE

ET

PROJETS DE RÉFORMES

PARIS. — GUILLAUMIN & Cⁱᵉ, 14, rue Richelieu

NOTICE BIOGRAPHIQUE

I

Antoine-Laurent Lavoisier est né à Paris le 26 août 1743. Son père, originaire de Villers-Cotterets, était procureur au Parlement ; il possédait, du chef de sa femme, une fortune qui lui permit de ne rien négliger pour l'éducation de son fils.

Le jeune Lavoisier fut placé comme externe au collège des Quatre-Nations, où il se montra plein d'ardeur pour le travail et où il eut de nombreux succès. En rhétorique, il remporta un second prix de discours français au concours général.

Il prit ensuite ses inscriptions à la Faculté de droit et, à vingt et un ans, il fut reçu avocat, mais il avait déjà manifesté un goût tout particulier pour les sciences. Élève de l'abbé de la Caille pour les mathématiques, il étudiait la botanique avec Jussieu et suivait les cours de chimie de Rouelle, au Jardin des Plantes ; c'est surtout à la géologie et à la minéralogie qu'il s'adonnait, sous la direction du savant Guettard, ami intime de sa famille. Dès 1760, il fut asso-

a

cié au projet de Guettard, qui se proposait d'établir un Atlas minéralogique de la France, et, dans cette intention, il parcourut diverses provinces de la France pour recueillir des documents sur la constitution du sol. En 1764, il présenta à l'Académie des sciences un mémoire sur la nature de la pierre à plâtre; il se détourna un instant de cet ordre de recherche pour rédiger un Mémoire sur l'éclairage des *grandes villes*, auquel l'Académie décerna une médaille d'or. Il revint bientôt à ses travaux de minéralogie et, en 1767, il accompagna Guettard qui devait parcourir les provinces de l'Est pour l'établissement de l'Atlas minéralogique. Ce genre d'études n'était pas le seul qui intéressât l'esprit du jeune savant; il s'occupait en même temps d'observations météorologiques qu'il devait poursuivre toute sa vie.

C'est en 1768, peu de temps après le voyage entrepris avec Guettard, que Lavoisier entra à l'Académie des sciences comme adjoint-chimiste. Son activité, sa puissance de travail, l'universalité de ses connaissances lui firent confier la rédaction d'un grand nombre de rapports sur les diverses questions soumises par l'Etat ou les particuliers au jugement de l'Académie qui remplissait alors un rôle analogue à celui des comités consultatifs de notre époque. Pendant vingt-cinq ans, Lavoisier fut un des membres les plus actifs et les plus influents de l'Académie à laquelle il soumit ses grandes découvertes et

dont plus tard, pendant la période révolutionnaire, il devait défendre l'existence avec une
indomptable ardeur.

Pensant qu'une grande fortune lui serait nécessaire pour les recherches scientifiques qu'il
voulait entreprendre, il résolut de faire fructi-
fier par son travail la fortune qu'il tenait de sa
mère. En 1768, il entra dans l'administration des
Fermes-Générales comme adjoint du fermier-
général Baudon, auquel il succéda bientôt; il
resta dans la compagnie jusqu'à sa dissolution,
en 1791.

Ce n'est pas la seule fonction administrative
qu'il eut à remplir. Lorsque Turgot parvint au
ministère, Lavoisier lui suggéra l'idée de confier à des administrateurs nommés par l'État, la
fabrication de la poudre et du salpêtre, jusqu'a-
lors le monopole d'une compagnie fermière,
qui réalisait d'énormes bénéfices, sans parvenir
à assurer l'approvisionnement des munitions de
guerre. Turgot se rendit à cet avis et créa une
Régie des poudres et salpêtres, confiée à quatre
régisseurs, dont l'un était Lavoisier, *aussi connu,*
dit l'arrêté de nomination, *par ses lumières en
physique, que par l'activité, la capacité, l'honnê-
teté qu'il porte dans la partie de la régie des
fermes dont il est chargé comme fermier-général.*

La vie de Lavoisier est dès lors consacrée en
partie aux recherches scientifiques, en partie à
ses fonctions administratives; il partage son
temps, avec son esprit de méthode, de manière

à satisfaire à toutes les exigences de ses fonctions diverses ; il consacre aux sciences six heures chaque jour, plus un jour entier par semaine, le reste du temps étant employé par les affaires de la ferme, de la Régie des poudres, les séances de l'Académie.

II

Savant de génie, administrateur habile et intègre, il est encore un économiste éminent ; mais c'est surtout dans le domaine scientifique qu'il occupe une place prépondérante. Par ses recherches originales, par la puissance de ses conceptions théoriques, il a renversé les doctrines anciennes, renouvelé la chimie et la physiologie et constitué la base sur laquelle repose la science actuelle ; sauf quelques points de détail, l'œuvre scientifique de Lavoisier est encore debout tout entière, et les recherches postérieures n'ont fait que consolider l'édifice qu'éleva son puissant génie. Cette œuvre touche aux points les plus importants de la philosophie naturelle, à la nature des éléments, aux phénomènes de la combustion et de la respiration.

Avant lui on croyait que la matière, sous ses diverses manifestations, est formée par l'union de quatre principes mal définis : l'eau, l'air, la terre et le feu. A Lavoisier, il appartient d'avoir démontré que l'air et l'eau sont des êtres complexes, et d'en avoir séparé les parties consti-

tuantes ; à lui, il appartient d'avoir fait connaître les véritables corps élémentaires, que
l'analyse ne peut ramener à des principes plus
simples.

Avant lui régnait la doctrine de Sthal qui ad-
mettait que les phénomènes de la combustion
sont dus au dégagement d'une substance inconnue, le *phlogistique*, dont la mise en liberté,
était la cause de la chaleur et de la lumière.
Lavoisier montra, au contraire, que la combustion résulte de l'union d'un des gaz de l'air,
l'oxygène, avec le carbone et l'hydrogène des
substances qui servent à l'éclairage et au chauffage ; et c'est cette même réaction qui est la
cause de la chaleur animale. Pour les contemporains de Lavoisier, la respiration était un
acte mécanique ; il prouve qu'elle est un phéno-
mène chimique, une véritable combustion dans
laquelle l'oxygène de l'air s'unit au carbone et à
l'hydrogène des tissus animaux. Toute une physiologie nouvelle, ou plutôt la physiologie même
sortit de ces immortelles recherches. A l'œuvre
physiologique de Lavoisier, on n'a rien retran-
ché depuis un siècle, et les efforts de tant de
savants n'ont ajouté que peu de chose à ses
immortelles conceptions. Ainsi, Lavoisier a
donné la théorie exacte de la combustion, mon-
tré que les corps brûlent parce qu'ils s'unissent
à l'oxygène de l'atmosphère, enlevé à l'air son
caractère d'élément. Il a rapproché la respiration de la combustion, trouvé dans cet acte

chimique la cause de la chaleur animale. Pour réaliser ses grandes découvertes, il imagina des appareils nouveaux, inventa des procédés pour manier les gaz, et fit un emploi si judicieux de la détermination du poids et de la mesure, qu'on a dit de lui qu'il avait le premier appliqué la balance à l'expérimentation chimique. En poursuivant les transformations de la matière, en retrouvant son poids dans les combinaisons nouvelles, en déterminant la composition de l'oxyde de mercure, de l'acide carbonique, etc., il introduisit d'une façon définitive cette vérité à peine entrevue avant lui que, dans la réaction chimique, le poids est invariable; la matière se transforme et ne saurait disparaître. Enfin, il établit le premier les lois de la statique chimique des êtres organisés. Toute la science moderne n'est que le développement de l'œuvre de Lavoisier.

III

Fermier-général adjoint, puis titulaire en 1779, Lavoisier devint l'administrateur habile et intègre qui sut promptement se faire distinguer par ses collègues; il apporta à la Ferme son esprit de réforme et essaya en vain de soulager les contribuables en proposant de rendre uniforme la perception de l'impôt, ce qui eût amené une diminution de frais de plus de quatre pour cent, par la suppression d'un grand nom-

bre d'emplois inutiles ; tous ses efforts tendaient
à adoucir la sévérité des lois qu'il était obligé
d'appliquer. Son esprit de justice l'amena à dé-
livrer les Juifs d'un impôt odieux, le *droit de
pied fourchu*, qui les assimilait aux porcs, et
qu'ils devaient payer quand ils traversaient la
petite province du Clermontois ; la communauté
juive de Metz, dans sa reconnaissance, lui en-
voya une députation pour lui transmettre l'expression de sa gratitude et lui offrir les gâteaux
de Pâques en signe de fraternité religieuse.

A la Régie des poudres, Lavoisier trouvait à
associer ses qualités d'administrateur et ses talents d'homme de science ; aussi devait-il y
rendre des services signalés à l'État. Jusqu'à la
création de la Régie, la fabrication des poudres
était la cause d'abus considérables ; les salpêtriers, chargés de recueillir le salpêtre, jouis-
saient de privilèges exorbitants et vexatoires ;
ils avaient le *droit de fouille* dans toutes les
parties des habitations ; les personnes devaient
leur fournir le logement, les transports gratuits
et leur procurer à vil prix le bois nécessaire à
leur industrie. Néanmoins, comme les particuliers se rachetaient souvent de la fouille en
payant une indemnité aux salpêtriers, la production du salpêtre diminuait en France, et l'on
était obligé d'en acheter à l'étranger jusqu'au
prix de vingt-cinq sols la livre, comme on le vit
pendant la guerre de Sept ans. D'un autre côté
la compagnie fermière était incapable d'assurer

l'approvisionnement de poudre en temps de guerre, son marché l'autorisant à n'en fournir au maximum qu'un million de livres par an.

La création de la Régie des poudres due à Turgot et à Lavoisier, devait décharger la nation de l'impôt onéreux prélevé par les salpêtriers, faire profiter le Trésor des bénéfices du monopole de la vente des poudres, enfin augmenter la production nationale du salpêtre. Ce triple but fut bientôt atteint. La fouille fut restreinte aux écuries, bergeries et colombiers, et par suite moins vexatoire. Néanmoins la récolte du salpêtre ne tarda pas à augmenter, mais comme elle était encore insuffisante, Lavoisier s'occupa de multiplier les nitrières artificielles; parcourut, avec son collègue Clouet, diverses provinces pour y reconnaître la présence du nitre dans le sol, et fit ouvrir un concours par l'Académie des sciences sur la meilleure manière de produire le salpêtre, en donnant lui-même des procédés pour le raffinage. Tous ses travaux et bien d'autres furent promptement couronnés de succès. En 1788, la production annuelle du salpêtre était plus que doublée, la Régie avait un approvisionnement de cinq millions de livres de poudre et, en quatorze années, économisé vingt-huit millions au Trésor. C'est grâce à Lavoisier et à ses collaborateurs qu'au commencement des guerres de la Révolution, la nation trouva un approvisionnement de poudre, et que des procédés rapides de fabrication purent être installés.

La puissance de travail de Lavoisier due à son esprit de méthode, à la rectitude de son jugement, est telle que les recherches scientifiques, les fonctions de la Ferme-Générale et de la Régie des poudres ne suffisaient pas à son activité. Il est aussi l'âme même de l'Académie des sciences à laquelle, pendant vingt-cinq ans, il présente des rapports sur une quantité de questions importantes, depuis l'analyse des cidres de Normandie jusqu'à la critique du Mesmérisme et aux perfectionnements à apporter à l'art de l'aérostation, en même temps qu'il invente un procédé de distillation de l'eau de mer, et fait connaître une nouvelle manière d'éclairer les salles de spectacle.

IV

Son vaste esprit se portait sur toutes les branches des connaissances humaines; l'une de celles qui le passionna le plus est la production agricole. Membre de la Société royale d'agriculture, et plus tard du Comité d'agriculture, créé par Calonne en 1785, il fut chargé de rédiger *l'instruction sur le parcage des bêtes à cornes, sur la culture des trèfles,* et y présenta divers Mémoires dont le plus important comprend les *Instructions sur l'agriculture,* qui devaient être adressées aux assemblées provinciales. Dans ces instructions, Lavoisier expose les conditions économiques qui devaient être réformées et qui s'opposaient aux développements de l'agriculture : la taille, la corvée, les dîmes diverses, la forme vicieuse des impôts de consommation : « Croirait-on, disait-il, qu'un royaume aussi fertile, aussi essentiellement agricole que la France, qui devrait exporter des productions de toute espèce, est à la merci de l'étranger pour une grande partie des objets de culture auxquels le sol est le plus propre. »

Il n'était pas en agriculture seulement un théoricien ; il essaya d'appliquer ses idées sur le domaine de Fréchines qu'il possédait dans les environs de Blois. Pensant *qu'on pourrait rendre un service important aux cultivateurs de la contrée en y donnant l'exemple d'une agriculture dirigée sur de meilleurs principes*, il se décida à faire valoir lui-même environ 80 hectares de terre. Il fit connaître l'emploi des prairies artificielles, cultiva avec succès la bette champêtre, et introduisit la pomme de terre inconnue dans le Blésois ; il s'occupait aussi d'améliorer la race des animaux de la Ferme, en faisant venir des béliers et des brebis d'Espagne. La mémoire de celui qui sut augmenter leur bien-être est encore vivante chez les habitants du pays.

Dans ses instructions sur l'agriculture, destinées aux Assemblées provinciales, Lavoisier avait été guidé par des principes économiques qui le rattachent à l'école des physiocrates ; mais c'est surtout à l'Assemblée provinciale de l'Orléanais qu'il eut l'occasion de faire connaître ses idées et d'exposer ses projets de réforme qui touchaient à tous les points de l'organisation économique du pays, et qui lui assignent une première place parmi les philanthropes éminents qui s'efforçaient alors d'améliorer le sort de la nation par une révolution pacifique.

A l'Assemblée de l'Orléanais, où il siégeait comme représentant du Tiers, il était membre du bureau du bien public et de l'agriculture et y fut chargé de presque tous les rapports. Il y présenta un admirable travail sur la corvée, proposa l'établissement d'une caisse d'assurances en faveur du peuple contre les atteintes de la misère et de la vieillesse, la création d'ateliers de charité et de dépôts de mendicité, et s'associa aux efforts de quelques personnes charitables qui cherchaient à diminuer la mortalité des nouveau-nés.

L'abaissement des frais de recouvrement de l'impôt, l'abolition des droits onéreux qui entravaient le commerce et l'industrie furent également l'objet de rapports, en même temps que des sujets plus spéciaux à la généralité d'Orléans, comme la création d'un canal et le défrichement de la Sologne.

Toutes les questions que soulevait Lavoisier sont encore celles qui font aujourd'hui l'objet des préoccupations des économistes.

La transformation de l'impôt étant la mesure principale que poursuivaient les réformateurs, et le nouvel impôt devant être surtout établi d'après la production territoriale, il importait de connaître exactement le revenu net de la terre et de dresser le bilan de la fortune agricole de la France ; depuis longtemps déjà, Lavoisier avait commencé un travail étendu sur ce sujet. S'étant procuré des documents sur toutes les provinces par l'intermédiaire des employés de la Ferme, il avait projeté un grand ouvrage sur la richesse territoriale, dans lequel il se proposait de former le compte ou bilan général de toutes les productions du royaume, il avait déjà réuni la plus grande partie des documents, quand l'Assemblée nationale de 1791 résolut de supprimer les contributions indirectes et de demander l'impôt tout entier à la terre. Il offrit alors au comité de l'imposition les résultats de ses recherches dont l'Assemblée décida l'impression et qui parut sous le titre de : *Résultats extraits d'un ouvrage intitulé : La Richesse territoriale de la France*. C'est surtout cette courte brochure qui a assigné à Lavoisier une place éminente parmi les économistes du XVIIIe siècle.

Outre un Mémoire sur les États généraux, présenté à Necker, Lavoisier est encore le rédacteur des *Instructions données par la noblesse du baillage de Blois à ses députés* aux États généraux, où l'on reconnaît ses pensées généreuses, quand il réclame la liberté individuelle amenée par l'abolition des lettres de cachet et la suppression des corporations, la liberté de la presse, l'égalité de tous les citoyens devant l'impôt librement consenti, la protection de l'agriculture, etc. : « Le but de toute institution sociale, dit-il dans le préambule, est de rendre le plus heureux qu'il est possible, tous ceux qui vivent sous ses lois.

« Le bonheur ne doit pas être réservé à un petit nombre d'hommes, il appartient à tous. Ce n'est point un privilège exclusif qu'il faut disputer; c'est un droit commun qu'il faut partager, et la félicité publique est une source dans laquelle chacun a le droit de puiser la sienne ».

V

La période révolutionnaire fournit à Lavoisier des occasions nouvelles de déployer sa prodigieuse activité. Après avoir failli perdre la vie dans l'émeute du 6 août 1789 dirigée contre les régisseurs des poudres accusés par le bruit populaire de trahir la nation, il fut nommé membre de la première Commune de Paris où il se rencontra avec Condorcet, Jussieu, Broussonet et ses collègues de l'Académie. Il y fut chargé de rapports divers sur des questions d'intérêt public, tandis qu'il continuait ses fonctions à la Régie des poudres et à la Ferme générale, où il était chargé de la direction des droits d'entrée dans Paris, et qu'il poursuivait au laboratoire de nouvelles recherches sur la respiration.

Quand en 1791 la Ferme-Générale fut supprimée, il fut nommé membre de la commission de la Trésorerie nationale, où il établit, au rapport de ses contemporains, un ordre de comptabilité rigoureuse ; c'est pendant ces fonctions qu'il rédigea pour l'Assemblée nationale, une brochure sur l'état des finances au 1er janvier 1792, dans laquelle il donnait toute les indications nécessaires pour l'établissement du budget. Peu de temps après, il quitta la Trésorerie nationale, puis il donna sa démission de régisseur des poudres pour se livrer tout entier aux recherches scientifiques, et s'éloigner des fonctions publiques dont il prévoyait les dangers, déjà taxé d'incivisme et dénoncé par Marat, à la haine populaire. Dès-lors, il se consacra à la fonction de membre du bureau de consultation des Arts et Métiers, qui remplissait le rôle d'un comité consultatif, et pour lequel il rédigea un plan complet d'instruction publique, qui fut présenté à la Convention, et il défendit avec énergie l'existence de l'Académie des sciences, qui fut supprimée au mois d'août 1793, malgré ses efforts héroïques et le dévouement de Lakanal. Il poursuivait en même temps ses travaux à la Commission des poids et mesures, en déterminant avec Haüy la densité de l'eau pour fixer l'unité de poids et en étudiant avec Borda la dilatation des métaux destinés à l'établissement de l'étalon de l'unité de longueur. Toutes ses heures étaient consacrées, dans des fonctions purement gratuites, à l'intérêt public. Tant de dévouement, tant de science, tant de gages donnés aux principes de réforme qui avaient amené la Révolution, ne devaient le protéger contre la catastrophe finale dans laquelle il fut confondu avec ses collègues de la Ferme-Générale.

VI

L'administration de la Ferme-Générale ayant été supprimée en 1791, une commision de six fermiers-généraux titulaires, assistée de trois adjoints, fut chargée de la liquidation et de la reddition des comptes. Lavoisier n'en faisait pas partie. Les difficultés de la liquidation furent telles, qu'elle n'était pas terminée deux ans après. A la Convention des dénonciations violentes de Carra et de Montaut contre les anciens fermiers-généraux, les accusèrent de retards volontaires pour dissimuler des bénéfices illicites, que la stricte justice, disait Carra, exigeait de faire rentrer sans retard dans les coffres de l'État : des mesures vexatoires furent décrétées, entre autres l'apposition des scellés sur tous les papiers des fermiers-généraux, décision qui, en enlevant leurs documents aux commissaires liquidateurs les empêchèrent pendant cinq mois de poursuivre la reddition de leurs comptes réclamée par l'État. Enfin un nouveau décret rendit leurs papiers aux commissaires auxquels on assigna comme dernier terme le 1er avril 1794. Ils se remirent au travail, confiants dans l'avenir, assurés de la justice de leur cause, quand un de leurs anciens employés, Antoine Dupin, devenu membre de la Convention, déchaîna sur eux l'orage qui devait les emporter. Il fit décréter la nomination de commissaires réviseurs de la Ferme-Générale, choisis parmi des employés renvoyés pour malversation et qui trouvaient l'occasion de satisfaire leurs basses rancunes. Peu de temps après, une mesure plus arbitraire fut décrétée sur la proposition de Bourdon de l'Oise qui fit voter l'emprisonnement en masse de tous les fermiers-généraux jusqu'à l'apurement de leurs comptes, décret illégal, puisqu'on ne relevait contre les fermiers-généraux aucun délit contre-révolutionnaire.

Le décret est du 15 novembre 1793 (4 frimaire an II). On procéda sans retard à l'arrestation des anciens fermiers-généraux. Lavoisier pensa à se soustraire à l'emprisonnement immédiat, et pendant deux jours, resta caché par les soins de Lucas, huissier de l'Académie, dans les locaux qu'elle avait occupés au Louvre. Il espérait sans doute que l'urgence de ses services à la Commission des poids et mesures le soustrairait à son malheureux sort, et écrivit aux membres du Comité de sûreté générale. Voyant ses efforts infructueux, il vint se constituer prisonnier, et le 8 frimaire fut incarcéré

avec ses collègues à la prison de Port-Libre.
Le 24 décembre, ils furent transférés à l'Hôtel
des Fermes, converti en maison de détention,
où ils furent mis en possession des papiers nécessaires à leur reddition de comptes, qu'ils ne
tardèrent pas à terminer et à faire présenter au
Comité des finances. De son côté, Lavoisier s'occupait de rédiger un mémoire justificatif en réponse aux inculpations des commissaires reviseurs qui accusaient les fermiers-généraux de
vols, de dilapidation, de fraudes sur la fabrication du tabac, et les déclaraient débiteurs envers l'État d'une somme de 130 millions, alors
que la revision des comptes faite sous le Con-
sulat démontra, au contraire, que l'État était
redevable d'une somme de 8 millions à la Compagnie Fermière.

Dupin, comme membre du Comité des finances, se chargea de présenter à la Convention un
rapport sur les comptes de la Ferme-Générale.
rapport qui ne fut qu'un long réquisitoire em-
prunté au travail volontairement erroné des
reviseurs, et sans tenir compte des réponses des
prévenus aux inculpations, il fit décréter, sans
discussion, que les fermiers-généraux seraient
traduits devant le tribunal révolutionnaire.
C'était le lundi 5 mai 1794 (16 floréal, an II), à
4 heures du soir, que fut rendu le décret provo-
qué par Dupin, la mort des fermiers-généraux
était si sûrement résolue, que dès le 16, même
avant la promulgation du décret, Fouquier-

Tinville avait rédigé son acte d'accusation, qui n'est guère que la reproduction du rapport de Dupin, dont celui-ci lui avait donné communication. Le soir même à 7 heures, Fouquier faisait opérer le transfert des prisonniers à la Conciergerie, d'où l'on ne sortait que pour aller à l'échafaud en passant par le tribunal révolutionnaire.

Les prisonniers passèrent la journée du 17 à la Conciergerie, subirent le lendemain un semblant d'interrogatoire pour obéir au texte de la loi, et le 19 à 10 heures du matin furent traduits devant le tribunal présidé par Coffinhal qui refusa d'écouter la défense des accusés, les interrompant violemment, et leur signifiant d'avoir à répondre par oui et par non : le tribunal était décidé, dit-il, à juger sans désemparer et ne voulait pas leur permettre de gagner du temps : toute défense personnelle ou collective leur fut interdite.

L'accusateur public demanda la condamnation à mort, en avançant que la *mesure des crimes de ces vampires était au comble, que l'immoralité de ces êtres était gravée dans l'opinion publique et qu'ils étaient les auteurs de tous les maux qui pendant quelque temps avaient affligé la France.* La condamnation n'était pas douteuse ; mais par quel moyen frapper les fermiers-généraux pour des crimes de concussion, qui, s'ils eussent été prouvés, avaient été commis avant la Révolution ? quel article de loi pouvait

être invoqué contre les fermiers-généraux?
Le génie retors de Coffinhal, ancien procureur
au Châtelet, suppléa au silence de la loi par la
forme qu'il donna aux questions posées au jury,
et dans lesquelles il inventait des crimes dont
il n'était question ni dans le rapport de Dupin, ni dans l'acte d'accusation de Fouquier-
Tinville.

« A-t-il existé un complot contre le peuple
français tendant à favoriser les ennemis de la
France, en exerçant toute espèce d'exactions et de
concussions sur le peuple français, en mêlant
au tabac de l'eau et des ingrédients nuisibles à
la santé des citoyens, en pillant et volant le
peuple et le Trésor national pour enlever à la
nation les sommes immenses et nécessaires à
la guerre contre les despotes soulevés contre la
République et les fournir à ces derniers ».

Le jury, à l'unanimité, déclara les accusés cou-
pables ; l'heure pressait, les charrettes attendaient
la fournée des condamnés pour les conduire à
la place de la Révolution. La hâte des juges
était telle que la déclaration du jury ne fut pas
inscrite sur la minute du jugement.

Coffinhal, prononça le jugement. Le jury ayant
déclaré *qu'il était constant que les fermiers-généraux sont auteurs ou complices d'un* complot
contre le peuple français *tendant à favoriser de
tous les moyens possibles, le succès des ennemis
de la France*, le tribunal les condamna à la peine
de mort, en leur appliquant l'article du Code

pénal qui condamne à la peine capitale les complices des ennemis de la France ; et ordonna que le jugement serait exécuté dans les vingt-quatre heures.

Ramenés aussitôt à la Conciergerie et abandonnés aux mains du bourreau, les vingt-huit fermiers-généraux furent conduits à la place de la Révolution : ils furent mis à mort dans l'ordre de leur inscription sur l'acte d'accusation. Lavoisier vit tomber la tête de Paulze, son beau-père et son ami ; et fut exécuté le quatrième. Tous subirent la mort sans faiblesse ; les injures de la populace leur furent épargnées ; le peuple, loin de les insulter, semblait plutôt les plaindre. Ils avaient été conduits au tribunal révolutionnaire, le matin même à dix heures ; il était cinq heures quand leurs têtes roulèrent sur l'échafaud.

Ainsi mourut Lavoisier. Ses restes furent jetés au cimetière Monceau ; le silence se fit autour de son nom ; seuls quelques amis purent exhaler leurs regrets dans l'intimité. Le lendemain, Lagrange disait à Delambre : « Il ne leur a fallu qu'un moment pour faire tomber cette tête, et cent années peut-être ne suffiront pas pour en reproduire une semblable ».

Pendant cette longue détention de cinq mois que subirent les fermiers-généraux, aucun des collaborateurs de Lavoisier, aucun de ses amis des jours heureux, qui siégeaient à la Convention : ni Monge, ni Guyton de Morveau, ni Hassenfratz, ni Fourcroy, tous ses obligés, ne tentèrent une seule démarche en sa faveur. Fourcroy, chimiste d'ordre secondaire, mais professeur disert et vulgarisateur des doctrines du maître, occupa après lui la première place parmi les chimistes français. Il fut même accusé sans preuves d'avoir contribué à la mort de Lavoisier : caractère faible, esprit versatile, âme de courtisan, Fourcroy fut retenu par la peur et n'osa se compromettre auprès des puissants du jour en paraissant s'intéresser à un suspect. Seuls, des hommes sans influence, Loysel, membre obscur de la Convention, le médecin Hallé, le droguiste Pluvinet, tentèrent d'infructueuses démarches.

VII

L'examen de la vie intime de Lavoisier montre que l'homme privé était à la hauteur de l'homme public et du savant. Il était animé d'un profond amour de l'humanité, d'un généreux élan de pitié pour les faibles ; sa bonté était grande, bonté intelligente et non bienveillance banale ; toujours prêt à servir de sa bourse et de son influence ceux qui méritaient son intérêt, il accueillait les jeunes gens qui montraient des dispositions pour la science et leur ouvrait son laboratoire.

Sa grande fortune lui permettait de secourir généreusement ceux qui s'adressaient à lui ; en

1788, il offrit une somme de 50.000 livres à la ville de Blois, et de 6 000 livres à la ville de Romorantin, obligées de faire des achats de grains pour venir en aide à la population, après la mauvaise récolte de l'année.

Sa modestie égala sa bienfaisance; aucun sentiment de jalousie ne l'animait envers les chimistes, ses rivaux, et dans les questions de priorité, rendait équitablement à chacun ce qui lui appartenait. Sa vie tout entière était animée par le travail.

La bonté intelligente, la recherche désintéressée de la vérité, la puissance du raisonnement et la rigueur de la méthode sont les traits distinctifs du caractère de Lavoisier.

Il avait épousé en 1771 Mademoiselle Paulze, fille d'un de ses collègues de la Ferme-Générale. Douée d'une vive intelligence, d'une grande puissance de volonté, elle comprit promptement et sut apprécier la haute valeur de l'homme auquel elle était unie, et se mit sans retard à l'étude pour se rendre digne de lui. Elle apprit le latin et connut assez l'anglais pour traduire des mémoires de chimie de Priestley, Kirwan, etc.

Elle savait dessiner et graver; c'est elle qui fit les planches du *Traité de chimie*, publié en 1789. Elle accompagnait son mari dans le laboratoire, et souvent notait, sous sa dictée, le résultat des expériences. Dans tous ses écrits, elle professa la plus grande admiration pour le caractère et le génie de son mari, et combattit pour le triomphe de ses idées scientifiques.

Pendant la captivité des fermiers-généraux, elle multiplia ses efforts pour le sauver, bravant le décret qui éloignait de Paris tous les ex-nobles ; elle-même, peu de temps après la catastrophe du 19 floréal, fut emprisonnée, et ne recouvrit sa liberté qu'après le 9 thermidor. Réduite à une misère absolue, vivant des secours d'un ancien serviteur, elle obtint enfin la restitution des biens de son père et de son mari en 1796. Plus tard, voulant rendre à la mémoire de Lavoisier l'hommage le plus digne de lui, elle publia le recueil de ses travaux qu'il avait commencé à faire imprimer pendant sa détention et dans lequel il voulait réunir l'ensemble des recherches qui avaient illustré sa carrière et amené la révolution dans les sciences chimiques et physiologiques.

EDOUARD GRIMAUX.
de l'Institut.

INTRODUCTION

A travers les multiples occupations de sa profession de fermier-général, au milieu de recherches scientifiques qui étaient de nature à l'absorber tout entier, Lavoisier trouva le moyen d'écrire avec compétence sur des sujets d'économie politique. Sans doute, il n'est pas parvenu à pénétrer profondément les secrets de cette science alors toute nouvelle ; il n'a touché qu'à quelques problèmes, mais dans un travail célèbre, la *Richesse territoriale*, qu'il remit à l'état d'ébauche à la Constituante, il a fait un essai intéressant d'application, à l'étude des faits économiques, de la méthode dont il s'était servi si brillamment dans les sciences physiques.

Le chemin que ce grand esprit a suivi en économie politique est d'ailleurs curieux à parcourir ; il renseigne exactement sur les idées successives qui ont dominé en France pendant la dernière partie du XVIIIe siècle. Dans sa jeunesse, Lavoisier était imbu des préjugés qui régnaient encore, malgré les efforts de l'école de Quesnay, sur le rôle de l'argent dans la formation des richesses et sur les bienfaits de l'État-Providence; il fut ensuite physiocrate et soutint, de 1785 à 1789, des idées à peu près identiques à celles que défendait le dernier représentant de l'École physiocratique, Du Pont de Nemours.

Un travail, qui date de 1771, et dont M. Grimaux a retrouvé et publié les fragments, nous fait connaître les premières opinions économiques du grand analyste. C'est un *Éloge de Colbert* destiné au concours que l'Académie française avait ouvert pour l'année suivante, dans un esprit de réaction contre les doctrines des physiocrates.

Lorsque les premiers fondements de l'économie politique avaient été jetés par Vincent de Gournay et par Quesnay après la paix d'Aix-la-Chapelle, un mouvement libéral s'était produit et avait gagné les philosophes et le gouvernement de Louis XV. Suspendu par la guerre de Sept ans, ce mouvement avait repris à la paix; en 1770, il avait été arrêté. Les physiocrates se trouvèrent alors bien loin des succès qu'ils avaient obtenus en 1754 sous le contrôleur général Moreau de Séchelles et en 1763 avec l'appui de Bertin. Galiani publiait ses *Dialogues*; l'abbé Terray était au pouvoir; une série de mauvaises récoltes avait amené la disette et troublé les esprits. Il fut de bon ton de se moquer des physiocrates, de leurs exagérations, de leurs manières de sectaires, de leur langage prophétique et aussi de la liberté commerciale. Les disciples de Quesnay opposaient sans cesse Sully à Colbert ; avec eux, pendant plusieurs années, on avait admiré Sully ; on donnait maintenant la préférence au ministre de Louis XIV et l'Académie française qui, auparavant, avait demandé des *Éloges de Sully*, mettait au concours l'*Éloge de Colbert*, c'est-à-dire qu'elle provoquait des discours contre les physiocrates et contre la liberté de l'exportation des grains, que Colbert avait jadis supprimée, que Quesnay avait fait rétablir en 1763, dans laquelle le public voyait la cause principale de la cherté du pain et que l'abbé Terray s'apprêtait à révoquer. Remarquons en passant qu'il n'était pas question de porter atteinte à la liberté de la circulation des grains à l'intérieur du royaume, établie d'une manière à peu près complète en 1754 ; cette première conquête des économistes était définitive ; si violente que fut la réaction, elle ne ramenait pas tout à fait les esprits en arrière. Il en a toujours été ainsi depuis : les tentatives réitérées des protectionnistes n'ont pu empêcher les sociétés modernes d'accomplir leur marche vers l'émancipation individuelle.

Le concours ouvert par l'Académie française eut un plein succès et les combattants furent nombreux ; il semblait qu'on ne pouvait ni assez louer Colbert, dans le style pompeux que Thomas avait mis à la mode, ni assez prouver l'efficacité des mesures prises sous Louis XIV pour empêcher les céréales de quitter le sol national.

Plusieurs récompenses furent distribuées; le premier prix fut donné à Necker, dont le salon était ouvert aux gens de lettres et dont le mémoire l'emportait en bouffissure sur les mémoires concurrents. A l'impression, le lauréat répondit plus complètement encore à l'attente publique en ajoutant à son travail une série de notes dans lesquelles il jugeait des opinions physiocratiques avec une hauteur dédaigneuse.

Tel était l'état des esprits sous le ministère de l'abbé Terray. Peut-être Lavoisier subit-il d'autant plus facilement l'entraînement commun qu'il appartenait à un milieu peu favorable aux physiocrates; il était de la finance que les disciples de Quesnay ne ménageaient guère et il avait épousé, ou allait épouser, la fille d'un fermier-général, nièce de l'abbé Terray. Dans son *Éloge*, il applaudit des deux mains à la révocation de la liberté de l'exportation des grains. Colbert, dit-il, avait donné cette liberté, contrairement à ses principes; il en vit les effets, il la défendit; mais après sa mort son système fut renversé et « celui qu'on adopta fit perdre à la France tout ce qu'elle avait gagné par sa bonne administration. »

Quels étaient ces principes de bonne administration qui avaient été ainsi abandonnés?

Par une fiction à la Salluste, Lavoisier en voulait mettre l'exposé dans la bouche de Colbert, parlant à Louis XIV.

« Jusqu'ici, aurait dit le ministre, les politiques ont estimé la richesse des États par la quantité d'argent monnayé qu'ils possédaient ; de là, tous leurs efforts se sont réunis pour attirer par tous les moyens possible l'argent de l'étranger. Insensés, ils ressemblent à des enfants qui s'amusent au bord de la mer, lorsqu'elle se retire, à arrêter quelques portions de son eau par une petite digue de sable ; l'ordre physique s'oppose à leurs efforts, l'eau se filtre et passe à travers le sable et va se rejoindre à la masse immense qui baigne l'un et l'autre hémisphère....

« Vous apercévrez, Sire, que le moment de prospérité d'un État est celui où possédant une portion d'argent moindre qu'il ne devrait naturellement en posséder dans la masse commune de l'Europe, il en reflue de toute part des États voisins par des canaux invisibles. Le moment de décadence, au contraire, est celui où le niveau de l'argent étant monté plus haut que dans le reste de l'Europe, les mains-d'œuvre de tout espèce sont renchéries : son exportation cesse, ses manufactures et son industrie languissent.

« La prospérité d'un État a donc un terme nécessaire que l'ordre des choses ne permet pas de passer : tout l'art du politique consiste à reculer le terme, à prolonger l'instant du bonheur... »

Et pour reculer le terme, Colbert propose au roi deux choses : 1° d'interdire l'exportation des grains, ce qui ferait baisser le prix des subsistances, attirerait les consommateurs, donnerait un rôle utile au numéraire en excès ; 2° de créer un trésor royal, afin de diminuer artificiellement l'excès de numéraire.

Ainsi Colbert, ou plutôt Lavoisier, reconnaissaient que la richesse est soumise à des lois naturelles et qu'elle n'est pas le résultat d'une accumulation des métaux précieux : mais ils lui donnaient pour origine l'utilisation du numéraire. On trouve encore aujourd'hui des gens qui s'imaginent que plus l'argent circule et plus la richesse s'accroît ; on ne saurait donc trop s'étonner de l'erreur commise par Lavoisier en 1771. En réalité, il ignorait les travaux des physiocrates.

Quesnay avait dit des richesses : Ce sont les objets à la fois nécessaires aux hommes et commerçables ; leur valeur n'est pas proportionnelle au travail dépensé pour les obtenir : elle dépend de l'étendue de la consommation et de la quantité d'hommes qui en ont besoin. Et Quesnay avait formulé le paradoxe économique en ces termes : « Obtenir la plus grande augmentation possible de jouissances par la plus grande diminution possible de dépenses, ou mieux, la plus grande diminution de travail pénible avec la plus grande jouissance possible, c'est la perfection de la conduite économique. »

Vincent de Gournay avait, de son côté, constaté que les richesses naissent du travail. « Plus il y a des mains occupées, disait-il, et plus l'État s'enrichit. » Il avait en outre reconnu que la consommation est, en quelque sorte, sans limites, parce que les besoins des hommes peuvent sans cesse s'accroître, et que la production pourrait répondre au développement continu de la consommation si des obstacles artificiels de tout genre ne s'y opposaient. » Il y a plus de gens à habiller dans le monde que de mains pour filer et pour fabriquer », disait-il, à propos des règlements restrictifs des manufactures. Sa conclusion était que le travail devait être libre. Il s'était, en conséquence, efforcé, avec une persévérance remarquable, de briser les jurandes, de donner la liberté au commerce des grains, de faire abolir les lois sur l'usure, d'appliquer à tout le commerce et à toute l'industrie sa formule : « Laissez faire, laissez passer ».

Ses disciples et ceux de Quesnay avaient précisé d'autres points importants. Le Mercier de la Rivière avait développé cette vérité fondamentale que les faits de l'ordre social sont soumis à des lois aussi immuables, aussi pourvues de sanction, que les lois de l'ordre physique. L'abbé Morellet avait établi la distinction entre l'utilité et la valeur. Le marquis de Mirabeau et Du Pont de Nemours avaient émis des idées justes sur les rapports des subsistances et de la population ; Turgot avait dans son *Mémoire sur la for-*

mation des richesses présenté avec précision les doctrines nouvelles et établi d'une manière magistrale la théorie de l'intérêt de l'argent. Tous les physiocrates avaient enfin exposé les avantages de la liberté du commerce en général et du commerce des grains en particulier.

En somme, en 1771, un assez grand nombre de vérités, malheureusement déparées par plus d'un sophisme, avaient été mises en lumière par les disciples de Gournay et de Quesnay.

Le système mercantile s'était lui-même transformé sous la main de son dernier défenseur, Forbonnais. Des divers écrits publiés en Angleterre et en Espagne sur le commerce, celui-ci avait tiré les propositions suivantes : les peuples ne s'enrichissent que de ce que les autres perdent ; l'industrie nationale doit être protégée contre la concurrence étrangère ; en achetant des produits manufacturés au dehors l'État perd la valeur de l'acquisition de ces produits, la valeur des salaires qu'auraient gagnés les ouvriers nationaux, les ressources que le prince aurait tirées de l'accroissement de bien-être que ces salaires auraient amené, le bénéfice que la circulation de toutes les valeurs perdues aurait procuré aux divers citoyens.

La théorie que Lavoisier met dans la bouche de Colbert ressemble quelque peu à celle de Forbonnais. Peut-être le parallogisme qu'elle renferme apparut-il au jeune auteur, car il renonça à concourir ?

Il avait alors vingt-huit ans, était membre de l'Académie des sciences, en même temps qu'adjoint à la Ferme-Générale; sa réputation de savant grandissait chaque jour; mais il n'avait pas suffisamment étudié les questions économiques pour en parler autrement qu'en homme du monde.

Un second travail, retrouvé également par M. Grimaux, fut exécuté par Lavoisier au moment où Turgot succédait à l'abbé Terray. C'est un Mémoire purement financier, sans vues théoriques, mais précieux pour l'histoire du xviii⁰ siècle, en ce qu'il donne le bilan des opérations de la Ferme-Générale à la fin du règne de Louis XV. Son titre en indique l'objet : « *Calculs des produits des différents baux de la Ferme Générale avec des détails très particuliers sur les frais de-régie du bail de Laurent David.* » Il est possible que Lavoisier l'ait rédigé pour son usage personnel ou pour celui de sa compagnie; il est possible aussi qu'il l'ait communiqué à Turgot, quand le ministre économiste s'occupa de réformer la Ferme-Générale. La date du Mémoire, la franchise avec laquelle l'auteur parle des opérations de l'abbé Terray, les conseils qu'il donne en vue d'accroître le rendement des impôts pourraient autoriser cette conjecture. En tout cas, des rapports suivis s'établirent entre Turgot et Lavoisier, dont la collaboration mutuelle aboutit à la réorganisation du service des poudres, et des rapports plus suivis encore s'établirent entre Lavoisier et Du Pont de Nemours, l'ami et le secrétaire de Turgot.

Du Pont eut une sorte de vénération pour Lavoisier ; après la mort de Turgot, il en fit le confident habituel de ses projets, lui écrivit chaque fois qu'il fut éloigné de lui et, plus tard, sous la Terreur, quand pour échapper aux poursuites dont il était l'objet, il se cachait dans sa petite propriété de Chevannes, il composa sa *Philosophie de l'Univers*, en pensant à Lavoisier, sans prévoir qu'à ce moment même l'illustre savant était mené à l'échafaud.

La correspondance de ces deux hommes de bien est perdue ; mais étant donné le prosélytisme de Du Pont, on est en droit de supposer qu'il ne négligea rien pour attirer du côté de ses idées l'homme qu'il aima le plus après Turgot et on peut admettre qu'il y réussit, car les écrits économiques de Lavoisier, postérieurs à ceux dont nous venons de parler, sont conçus dans un esprit tout physiocratique.

Les deux amis firent partie de *Comité de l'agriculture* que Calonne institua en 1785 sous la présidence du neveu de Vergennes et en furent membres les plus actifs. Lavoisier prêta sa terre du Bourget pour faire des essais, rédigea les rapports d'ensemble, ainsi que les instructions à adresser aux cultivateurs, et tint le registre des procès-verbaux en ayant soin d'indiquer chaque fois les motifs du parti qui était pris, afin, comme il le dit, que le registre put servir de guide dans l'avenir.

Dans l'un des Mémoires qu'il présenta au Comité, il parle de la question de l'exportation des grains et il classe, parmi les obstacles qui s'opposent au progrès de l'agriculture « le système prohibitif que le gouvernement a toujours adopté pour l'exportation des grains, système qui limite l'industrie du cultivateur et lui défend, en quelque sorte, de récolter du blé au delà de ce que le royaume peut en consommer. »

Ce langage ne ressemble guère à celui de l'*Éloge de Colbert*. Devenu le partisan de la liberté du commerce des grains, Lavoisier l'est aussi des théories de Quesnay sur la formation des richesses.

On sait que, pour le chef de l'école physiocratique, l'agriculture devait avoir la place prépondérante dans l'industrie humaine par la raison que les objets d'alimentation sont plus nécessaires à la vie que les autres objets. Quesnay prétendait même que le travail agricole est le seul qui accroisse les richesses d'un pays. Lorsque, sur le produit brut de la terre, disait-il, on a prélevé les frais de la culture, le renouvellement des capitaux d'exploitation, les bénéfices du cultivateur et les semences pour l'année suivante, le propriétaire obtient encore un revenu ou produit net: rien de pareil n'existe dans les autres industries et surtout dans les industries de luxe;

ceux qui achètent des ouvrages fabriqués remboursent à ceux qui les leur vendent les frais de production et le gain des marchands ; ces ouvrages ne produisent rien au delà ; leur valeur est à peu de chose près, égale à la valeur des matières premières que les ouvriers et les marchands ont employées, soit pour fabriquer, soit pour se nourrir ; elle ne donne pas de produit net ; les travaux de l'industrie ne multiplient donc pas les richesses ; ils n'existent que par les richesses de ceux qui les paient, c'est-à-dire par l'existence d'un produit net provenant de l'agriculture. En conséquence, Quesnay répartissait les citoyens en trois classes : les propriétaires, détenteurs du produit net, les cultivateurs qui en provoquaient la formation, les autres citoyens, fonctionnaires, commerçants, industriels, qui ne produisaient pas de richesses renaissantes et constituaient à ce titre une classe stérile.

Ce n'est pas ici le lieu de discuter cette théorie ; il suffit de constater qu'on la retrouve dans les écrits de Lavoisier. Voici un passage caractéristique :

« L'agriculture est la première de toutes les fabriques... La reproduction annuelle des denrées agricoles fournit au payement de l'impôt, à la nourriture, à l'habillement des peuples et au commerce d'exportation ; le commerce et l'industrie ne peuvent employer que les matériaux que l'agriculture a fournis, en sorte qu'elle est la source première, la source presque unique de toutes les richesses nationales. »

Et plus loin, par allusion aux travaux des Physiocrates : « Il n'y a pas longtemps que ces grandes vérités, ces vérités fondamentales sont connues. »

Dans le même Mémoire, Lavoisier signale au gouvernement les causes qui empêchent l'agriculture en France de s'élever au niveau de celle de l'Angleterre et s'exprime de la même manière que les Physiocrates. Depuis plus de vingt ans, ceux-ci condamnaient les impôts qui portaient sur le produit brut de la culture et non sur le produit net; Lavoisier s'élève, comme eux, contre l'arbitraire de la taille, contre les corvées, contre les dîmes. Comme eux aussi, il critique les impôts indirects.

Du principe posé que les propriétaires du sol détiennent par le produit net tout le revenu disponible de la nation, Quesnay avait conclu que l'État ne devait demander qu'aux propriétaires du sol, les sommes nécessaires à l'entretien du gouvernement et au maintien de l'ordre public. Toute autre forme d'imposition était, d'après lui, défectueuse. Lorsqu'on perçoit une taxe sur les consommations, répétaient ses disciples, on modifie les conditions des échanges, on gêne la liberté de chacun; les contribuables font entrer dans le prix de vente des produits imposés, non seulement la taxe, mais le montant des pertes, des gênes, des vexations qu'ils ont subies, et, comme en dernière analyse, ces produits sont achetés, en presque totalité, ou par les cultivateurs, ou par les propriétaires, le produit net se trouve diminué des sommes ajoutées à l'impôt; en outre, le fisc détourne des travaux utiles, une foule d'agents, ce qui diminue encore la production et par conséquent, le produit net. La conclusion était qu'il n'y avait qu'un impôt rationnel : l'impôt territorial, direct, unique.

En théorie, Lavoisier admet avec Quesnay que l'impôt, quelle que soit sa forme, retombe toujours sur le propriétaire du sol. En pratique, il est trop bon financier pour proposer de remplacer brusquement tous les impôts existants par une taxe territoriale. Mais il critique vivement « la forme vicieuse de la plupart des perceptions établies sur les consommations, les visites domiciliaires relatives aux droits d'aide, de gabelle et de tabac, visites qui entraînent la violation du domicile, des recherches inhumaines et indécentes. »

Les abus des impôts indirects, nul ne les connaît mieux que Lavoisier; il en est par profession le témoin quotidien. Il les déplore et il s'efforce autant qu'il est en son pouvoir de les atténuer. C'est ainsi qu'il contribue à introduire dans la Ferme l'esprit de modération et surtout l'esprit d'ordre, sans lequel l'esprit de modération ne peut être longtemps maintenu.

Faire rendre aux impôts existants, tout ce qu'ils doivent légitimement produire, est l'une des règles de sa conduite financière. Dans le Mémoire sur le bail de David, il avait nettement condamné les procédés employés par les contrôleurs généraux, et surtout par l'abbé Terray, pour détourner l'argent du fisc de sa destination en chargeant la Ferme d'une foule de croupes et de pensions; il avait fait remarquer que si le gouvernement prenait le parti de supprimer les distinctions entre provinces et les privilèges des particuliers, — c'est-à-dire d'établir l'égalité devant l'impôt, — les frais de régie pourraient être réduits dans une notable proportion.

Lorsqu'il fut à la tête du service des octrois de Paris, il songea à augmenter le rendement de l'impôt par la suppression de la fraude et fut, dans ce but, l'instigateur du projet de construction du mur d'enceinte, que la prodigalité de Calonne et celle de l'architecte Ledoux transformèrent en une dépense fastueuse. Plus de trente millions employés à construire des ouvrages monumentaux, où le peuple vit des forteresses, motivèrent le fameux dicton :

Le mur murant Paris rend Paris murmurant et rendirent impopulaire le nom de Lavoisier.

Or si, en tant que directeur des octrois, Lavoisier voulait, par esprit d'ordre et dans l'espérance légitime de remédier à la détresse du Trésor, accroître les revenus du fisc, il n'avai négligé aucune occasion de soulager les contri-

buables en supprimant les vexations inutiles.
M. Grimaux a rappelé plus haut ce que Lavoisier
a fait pour les juifs de Clermont, et avec quelle
persévérance, il parvint à faire abolir la corvée
du salpêtre, l'une des plus pénibles de toutes
celles de l'ancien régime. A l'assemblée provinciale de l'Orléanais, Lavoisier fit un Mémoire remarquable en faveur de la suppression de la corvée des grands chemins ; il en fit un autre pour
l'abolition du droit de marque sur les cuirs,
droit d'autant plus absurde que le traité de
commerce avec l'Angleterre venait de permettre
l'entrée des selleries anglaises avec des taxes
très faibles, rendus plus faibles encore par la
contrebande, et que l'industrie des cuirs, écrasée
par le fisc, ne pouvait lutter contre la concurrence étrangère. Dans la même assemblée,
Lavoisier proposa de faire racheter par la généralité les charges de finances, afin d'économiser les frais d'intermédiaires inutiles, et
s'offrit à faire les fonds de l'opération. Enfin,
en 1789, lorsqu'il brigua un siège de député
aux États généraux et rédigea les instructions
pour les délégués de la noblesse de Blois, il
demanda la réforme de la gabelle et des
aides, en attendant « que ces impôts puissent être supprimés, simplifiés, réunis en un
seul. »

Tels ont été les actes et les sentiments de ce
fermier général qui mourut pour avoir pressuré
le peuple.

C'est dans les *Instructions pour la noblesse de Blois* que Lavoisier a fait connaître le plus nettement ses idées en matière fiscale.

« L'impôt, dit-il, est un partage de propriété. » En conséquence, il doit être consenti par la nation et doit porter « sur toutes les propriétés. » C'est ce que chacun disait à cette époque, et ce qu'avaient dit depuis longtemps les physiocrates. Lavoisier ajoutait : « Si l'impôt est le prix de la protection que le gouvernement accorde aux propriétés, il en résulte que toute propriété doit être assujettie à l'impôt ; que l'impôt, par une conséquence nécessaire, doit frapper sur les rentes et intérêts des effets royaux dans la même proportion que sur les terres. En vain dirait-on que cette retenue serait une atteinte portée à la foi publique : la propriété des rentes n'est pas plus sacrée que celle des terres. »

Cette addition est curieuse. Les physiocrates avaient souvent exprimé le regret que les capitaux fussent détournés de l'agriculture par l'appât du revenu élevé offert par l'État à ses prêteurs et fussent employés par le gouvernement à des entreprises inutiles ou peu utiles ; ils s'étaient en conséquence prononcés contre les emprunts d'État. Lavoisier allait beaucoup plus loin qu'eux : il voulait frapper les créanciers du Trésor, sans tenir compte de l'influence que cette mesure pourrait avoir sur le crédit public, et il demandait que « la même contribution portât sur les émoluments de toutes les

places de finance et sur tous les emplois lucratifs. » En économie politique, le sentiment est
mauvais conseiller.

A l'assemblée provinciale de l'Orléanais, Lavoisier avait déjà fait des propositions em-
preintes de tendances socialistes, notamment la
création aux frais de la province, sous le nom
de Caisse d'épargne, d'une caisse de retraite pour
la vieillesse, et, dans les derniers temps de sa
vie, il adressa à la Convention un *Mémoire sur
l'organisation de l'Instruction publique* où il
conclut à l'instruction d'État gratuite, obliga-
toire, pour tous les enfants « sans distinction
ni exception. »

Dans les *Instructions à la noblesse de Blois*,
on rencontre aussi quelques phrases brillantes
sur le bonheur des citoyens qui laissent supposer
que l'auteur attachait une importance excessive
aux effets moraux et économiques des institutions politiques. Le bonheur ne se décrète pas;
c'est un but particulier à chacun et purement
subjectif, que personne n'atteint, parce que chacun le met sans cesse hors de sa portée; comment le gouvernement le ferait-il naître? -

Lavoisier le reconnaissait implicitement, dans
les conclusions des Instructions, car il proposait
de réduire le gouvernement au minimum. Em-
pruntant le langage du Mémoire sur les municipalités rédigé par Du Pont de Nemours, sur
l'ordre de Turgot, il disait que la constitution
de la France devait être basée sur deux seuls

principes : « la sûreté des personnes et la sûreté des propriétés. » C'est de ces deux principes féconds, ajoutait-il, que dérive toute l'organisation du corps politique. En conséquence, il réclamait pour chacun le droit d'écrire, de penser, d'imprimer, pourvu que l'écrivain et l'imprimeur fussent responsables en cas de diffamation ou d'atteinte à l'ordre public, et demandait l'abolition « des priviléges exclusifs qui enchaînent l'industrie ; des jurandes et des corporations qui interdisent aux citoyens le droit de faire usage de leurs facultés ; des règlements des manufactures, des droits de visite et de marque qui imposent une gêne sans utilité. » Il voulait, en somme, non que la félicité publique, — suivant le mot vague qui avait cours alors et dont il se servait — fût organisée par voie de décrets, mais qu'elle résultât de la combinaison des libres activités individuelles.

Les mêmes conclusions avaient été indiquées par lui dans les *Mémoires au Comité de l'Agriculture* et, dans les *Mémoires à l'Assemblée de l'Orléanais*. Toutefois dans les uns et les autres les termes ne sont pas identiques. Au Comité de l'agriculture, Lavoisier parlait « dans le sein du gouvernement ». ; ses Mémoires n'étaient pas, pour la plupart, destinés à la publicité ; il s'était exprimé librement sur beaucoup de sujets, n'avait pas craint de condamner les priviléges de la noblesse en les signalant comme des obstacles au progrès de l'agriculture. A l'assemblée pro-

vinciale de l'Orléanais, Lavoisier parlait en public ; ses Mémoires allaient être imprimés ; il se
crut obligé d'user de précautions pour se plaindre de l'un des privilèges qu'il avait auparavant sévèrement critiqués : la banalité des moulins ! Ces divergences de langage étaient fréquentes au XVIII° siècle ; on disait tout au
gouvernement ; on ne disait que la moitié des
choses au public. Il n'en fut plus de même en
1789. Devant la noblesse de Blois, Lavoisier re-
couvre toute sa liberté et développe un pro-
gramme de réforme complet et aussi favorable
à l'émancipation de l'individu, dans les conclusions principales, que celui que développa au
même moment Du Pont de Nemours pour la
paroisse de Chevannes.

L'influence des idées physiocratiques s'y reconnaît à chaque page.

Du moment qu'il avait été constaté que les
faits de l'ordre économique sont soumis à des
lois naturelles, qu'ils ne sont pas le produit de
la fantaisie du législateur, que celui-ci, impuissant à commander aux besoins des hommes est
également impuissant à diriger les activités vers
les fonctions les plus utiles, le point de vue
sous lequel on considérait jusque-là le rôle des
gouvernements dans les sociétés avait été
déplacé. Rien ne pouvait auparavant se faire
que par la permission et par l'assistance du
prince ; les protégés avaient aisément persuadé
au protecteur que leurs « intérêts particuliers

exclusifs », comme disaient les physiocrates, formaient l'intérêt de la nation ; ils avaient donc exploité habilement le gouvernement à leur profit. Les disciples de Gournay et de Quesnay répétaient depuis un quart de siècle que le prince, devant protéger tout le monde, ne devait spécialement protéger personne et que l'action du gouvernement devait être réduite à « la sûreté des personnes et à la sûreté des propriétés » selon l'expression adoptée par Lavoisier.

Mais si libéraux que fussent les physiocrates, ils n'étaient pas parvenus à se débarrasser entièrement du sentimentalisme autoritaire que l'instruction gréco-latine entretenait dans les esprits et qui encombre les écrits des philosophes. L'abbé Baudeau, Du Pont de Nemours et d'autres avaient, par exemple, préconisé l'instruction d'État comme un moyen de former des citoyens et d'assurer l'émancipation individuelle.

Lavoisier fit comme eux ; il était bien un homme de 1789, porté vers les solutions libérales, mais capable aussi de chercher quelquefois le bien de l'individu par les voies autoritaires.

Le rôle qu'il aspirait à jouer à l'Assemblée nationale lui échappa ; il ne fut que député suppléant et n'eut pas l'occasion de siéger. Il exerça toutefois une certaine action au dehors. Entré à la Société de 1789, il s'occupa des ques-

tions financières. Lorsqu'une première émission
d'assignats eut lieu et qu'une seconde fut im-
minente, il exposa dans deux plaquettes ses opinions sur le papier-monnaie. Il ne récrimina pas
sur les mesures déjà prises et admit la nécessité
d'une émission nouvelle.

« Entourés de ruines de toutes parts, dit-il,
privés des impôts qui se percevaient sous l'ancien régime, encore incertains sur le choix et la
qualité de ceux qui seraient discutés dans le
nouveau, il n'existe aucun autre moyen de faire
les fonds nécessaires pour les différents services de la fin de l'année et d'une partie de la
prochaine. » Mais du moins fallait-il s'efforcer,
autant qu'il était possible, d'éviter les dangers
du papier-monnaie. Lavoisier n'en dissimule pas
l'importance; il démontre que la circulation
fiduciaire ne peut être exagérée sans que tous
les rapports de prix soient faussés; il conjure
donc l'Assemblée de ne pas diviser les assignats
en petites coupures et de les laisser entre les
mains des créanciers de l'État. L'influence de sa
première brochure fut considérable; c'est le
thème sur lequel s'appuyèrent les députés qui
luttèrent contre l'obstination néfaste de Mirabeau.
Lavoisier, dans sa seconde brochure, reprit la
question avec autant de modération et autant
de fermeté. «J'agis, dit-il, comme un pharma-
cien qui tempère la trop grande activité d'un
remède en le combinant avec un remède plus
doux. »

A ce moment, sa position personnelle était menacée : les gabelles étaient supprimées, le bail des Fermes cassé. Lavoisier devait s'attendre à la réforme ; elle concordait avec ses opinions et elle était faite par ses amis. S'il perdait d'ailleurs par là sa place de fermier-général, il conservait son poste de régisseur des poudres, et le comité des impositions lui réservait un emploi d'administrateur des douanes. Mais le gouvernement lui refusa cette compensation ; il demanda une place d'administrateur de l'octroi qui lui fut également refusée. Bientôt appelé à la commission de la Trésorerie, il réorganisa la comptabilité publique et dressa le budget de 1792. Le gouvernement lui enleva la régie des poudres et ne la lui rendit que quand il eut abandonné la place de commissaire qu'il avait prise sans traitement.

Peu de temps après, alors que la monarchie succombait, Louis XVI faisait tardivement appel au concours de Lavoisier et lui offrait le ministère des finances.

« Ce n'est ni par une crainte pusillanime, bien éloignée de mon caractère, ni par indifférence pour la chose publique, ni je l'avouerai même par le sentiment de l'insuffisance de mes forces que je suis contraint de me refuser à la marque de confiance dont Votre Majesté veut bien m'honorer en me faisant offrir le ministère des contributions publiques », répondit Lavoisier. « Té-

moin, pendant que j'ai été attaché à la Trésorerie nationale, des sentiments patriotiques de
Votre Majesté, de ses tendres sollicitudes pour
le bonheur du peuple, de son inflexible sévérité
de principes, de son inaltérable probité, je
sens plus vivement que je ne puis l'exprimer,
ce à quoi je renonce, en perdant l'occasion de
devenir l'organe de ses sentiments auprès de la
nation.

« Mais, Sire, il est du devoir d'un honnête
homme et d'un citoyen de n'accepter une place
importante qu'autant qu'il a l'espérance d'en
remplir les obligations dans toute leur étendue.

« Je ne suis ni jacobin, ni feuillant. Je ne suis
d'aucune société, d'aucun club. Accoutumé à
tout peser au poids de ma conscience et de ma
raison, jamais je n'aurais pu consentir à aliéner
mes opinions à aucun pacte. J'ai juré, dans la
sincérité de mon cœur, fidélité à la Constitution
que vous avez acceptée, aux pouvoirs constitués
par le peuple, à vous, Sire, qui êtes le roi cons-
titutionnel des Français, à vous dont les malheurs et les vertus ne sont pas assez sentis.
Convaincu, comme je le suis, que le Corps lé-
gislatif est sorti des limites que la Constitution
lui avait tracées, que pourrait un ministre cons-
titutionnaire?... »

Lavoisier restait fidèle aux opinions qu'il
avait exposées dans ses écrits et se sentait impuissant à résister contre le courant qui em-

portait les politiciens vers la violence et l'anarchie.

La réputation de financier qui lui avait valu l'offre de Louis XVI provenait en partie du succès qu'avait obtenu sa brochure sur la *Richesse territoriale*, brochure qui, malgré ses minces dimensions, est le plus important de ses écrits économiques.

Puisque l'impôt, selon la théorie de Quesnay, était, quelle que fut sa forme, payé par les propriétaires du sol; puisque le seul impôt rationnel était celui qui frappe directement le produit net, il était important de savoir à combien montait le produit net annuel de la nation, pour mesurer la part de propriété dont l'État pouvait s'emparer, en vue de pourvoir aux besoins généraux, sans porter atteinte à la formation de la richesse.

Lavoisier cherchait depuis longtemps à résoudre ce problème physiocratique. Au Comité de l'agriculture, il s'en était occupé avec Du Pont de Nemours, avait fait des calculs, les avait repris vingt fois, sans aboutir à un résultat définitif.

Cependant l'Assemblée constituante était aux prises avec les plus graves difficultés financières; elle avait décidé que l'impôt foncier serait égal au sixième du produit net, mais elle ignorait à combien montait le produit net et, par conséquent, à combien pourrait monter

normalement le produit de l'impôt qu'elle avait
établi. Le Comité des impositions demanda des
renseignements à Lavoisier. Quoique les recherches auxquelles il s'était livré sur le produit net
fussent encore imparfaites, il déféra à l'invita-
tion des constituants et résuma les résultats
auxquels il était parvenu dans une brochure
intitulée : « *Extrait d'un ouvrage sur la richesse
territoriale.* »

Une série de notes que M. Grimaux a tirées des
papiers de l'auteur, permet aujourd'hui de remédier sur quelques points à l'extrême conci-
sion de la brochure ; mais, malgré ce complé-
ment important, la « Richesse territoriale » reste
à l'état d'ébauche.

C'est le canevas d'un livre que Lavoisier aurait écrit si les événements le lui avaient permis et dont il aurait sans doute revisé encore
une fois les chiffres ; car il était bien loin de
croire, en les publiant, avoir atteint la certitude.

« Toutes les combinaisons que j'ai faites depuis l'époque de mes premiers calculs, toutes
les combinaisons que je me suis efforcé de rassembler me donnent lieu de craindre que mes
évaluations ne soient au-dessus de l'effectif, »
écrit-il dans une autre brochure, un an plus
tard.

Les évaluations qu'il avait insérées dans la
« Richesse territoriale » l'avaient conduit à dire
que le produit net du sol, non compris le revenu

des propriétés urbaines, montait à 1200 millions, quand le prix du blé était à deux sous la livre.

Pour arriver à cette conclusion, en l'absence de toute statistique sérieuse, Lavoisier avait fait un effort puissant d'analyse ; il avait dû évaluer la population de la France et déterminer la consommation moyenne de chaque habitant ; multipliant les deux chiffres l'un par l'autre, il avait obtenu le revenu brut annuel ; retranchant alors ce que les cultivateurs dépensaient pour la reproduction, pour leur nourriture, pour les frais de récoltes, il avait eu le produit net. Pour chaque calcul il avait dû créer, en quelque sorte, les données de toutes pièces, les contrôler l'une par l'autre, et éviter avec soin les doubles emplois.

« L'art de conclure d'après des expériences et des observations consiste à évaluer des probabilités et à estimer si elles sont assez grandes ou assez multipliées pour constituer des preuves. Ce genre de calcul est plus compliqué et plus difficile qu'on ne pense ; il demande une grande sagacité et il est en général au-dessus des forces du commun des hommes. »

Ce que Lavoisier avait dit, en ces termes, à propos de recherches chimiques, il avait voulu l'appliquer à la *Richesse territoriale* ; son travail est des plus intéressants ; il fournit sur la consommation et la production en France à la fin de l'ancien régime une foule de renseignements qui peuvent donner matière à bien des études, mais, quelqu'en soit le mérite, Lavoisier s'en exagérait la portée. D'après lui, un travail de cette nature, s'il était complet, « contiendrait en un petit nombre de pages toute la science de l'économie politique ou plutôt cette science cesserait d'en être une, car les résultats en seraient si clairs, si palpables, les différentes questions qu'on pourrait faire seraient si faciles à résoudre qu'il ne pourrait plus y avoir de diversité d'opinion. »

Partageant les illusions des physiocrates sur la formation des richesses, Lavoisier s'imaginait que le jour où aurait été déterminé le produit net annuel des nations, les problèmes économiques se résoudraient d'eux-mêmes.

Or, qu'est-ce que le produit net? C'est la différence entre deux termes, le produit brut et les frais de production qui, pas plus l'un que l'autre, ne sont susceptibles d'évaluation exacte.

Dans une exploitation particulière, la partie des frais de production qui ne se traduit pas par des paiements immédiats en argent : intérêt des capitaux engagés par l'exploitant, amortissement de l'outillage, valeur des semences prélevées sur la récolte, valeur du fumier, dépenses personnelles de l'exploitant, etc., sont autant de quantités dont la valeur peut varier avec l'appréciation de chacun. Tel cultivateur vit chichement, tel autre ne se refuse rien, tel améliore son outillage, tel autre attend pour le renouveler qu'il soit inutilisable. Quels chiffres admettre dans chaque cas?

Quant au produit brut, il dépend de l'importance des capitaux engagés, de l'activité de l'exploitant, de son habileté commerciale, des circonstances fortuites; où l'un s'est enrichi, un autre se ruine. Le produit brut se compose d'objets vendus, d'objets consommés sur place, d'objets à vendre et en partie invendables. Quelle valeur donner au total? Les calculs fantaisistes auxquels se livrent les protectionistes agrariens sur le prix de revient des denrées agricoles sont la preuve de l'impossibilité où l'on est de déterminer le produit net des exploitations particulières. A plus forte raison, n'a-t-on aucun moyen d'apprécier le produit net territorial d'une nation qui serait la somme de quantités indéterminées, sans que rien autorise à dire que les erreurs en plus ou en moins se corrigeront les unes les autres.

Lavoisier avait usé de moyens détournés; mais en procédant par aperçus généraux et en faisant des moyennes, il n'évitait pas les chances d'erreurs. Aussi ses évaluations successives avaient-elles varié du simple au double et doutait-il lui-même de l'exactitude du chiffre qu'il avait fait connaître à l'Assemblée nationale. Une telle incertitude dans des conclusions formulées par un grand esprit est une preuve de l'insolubilité du problème. En somme, la détermination du produit net d'une nation est la quadrature du cercle de l'économie politique.

L'erreur de Lavoisier appartenait beaucoup plus aux physiocrates qu'à lui-même. La *Richesse territoriale* est la mise en œuvre du tableau économique de Quesnay. Mais, par une sorte d'inconséquence, le disciple n'avouait pas sa parenté avec le maître; il parlait de lui, il en faisait l'éloge, et il louait en même temps le livre qui avait porté un des plus rudes coups à l'école physiocratique, l'*Homme aux quarante écus*.

« Il est bien remarquable qu'après tant de recherches et de calculs, dit-il, on arrive précisément au résultat que M. Quesnay avait indiqué dans la *Philosophie rurale* (1), résultat qui a donné lieu à l'agréable brochure de Voltaire, intitulée l'*Homme aux quarante écus*. Ce pamphlet est à la fois un chef-d'œuvre de profondeur et de plaisanterie. Pour le philosophe, c'est un traité complet d'économie politique... »

En réalité, l'auteur de la *Richesse territoriale* songeait à se dégager de la physiocratie, non qu'il en contestât les conclusions générales, non qu'il désirât s'éloigner du but vers lequel elle tendait — ses écrits prouvent le contraire — mais parce que la méthode suivie par les physiocrates contrariait ses habitudes scientifiques.

---

(1) Lavoisier commet ici une erreur: la *Philosophie rurale* n'est pas de Quesnay, mais du marquis de Mirabeau.

« Qu'il me soit permis d'observer ici, dit-il, que le genre de combinaisons et de calculs dont j'ai cherché à donner quelques exemples, est la base de toute l'économie politique. Cette science, comme presque toutes les autres, a commencé par des discussions et des raisonnements métaphysiques : la théorie en est avancée, mais la science pratique dans l'enfance et l'homme d'État manque à tout instant de faits sur lesquels il puisse reposer ses spéculations. »

Aux raisonnements « métaphysiques » comme ils les appelle, Lavoisier voulait substituer l'examen des faits ; il voulait compléter les conclusions qu'avait fournies la méthode *à priori* par des résultats obtenus à l'aide de la méthode *à posteriori*.

Pourtant, tout n'est pas métaphysique dans les travaux de l'école de Quesnay ; elle a recueilli, examiné et discuté beaucoup de faits et trouvé les lois de leurs relations ; mais, en d'autres circonstances, elle s'est contenté de peu dans ses observations, et n'a pas toujours brillé par la précision. Un savant tel que Lavoisier devait le sentir plus qu'un autre ; quant au remède il ne le trouva point. Il crut en la vertu des chiffres. Or si en économie politique, des sophismes sont nés du raisonnement *à priori*, beaucoup d'autres peuvent naître et naissent chaque jour de l'abus des chiffres. La statistique est un instrument précieux pour l'observateur qui s'assure avant de conclure, non seulement que les nombres sur lesquels il opère sont matériellement exacts, mais qu'ils s'appliquent bien à l'objet considéré et s'étendent à des périodes suffisamment longues pour constituer des preuves. Combien déraisonnent faute d'avoir cette prudence !

En montrant toutefois la nécessité de chercher directement dans l'examen des faits la constatation des lois économiques à une époque où le livre de Smith était encore peu lu en France, Lavoisier a contribué à imprimer aux études sociales une direction plus scientifique, et quoique physiocrate par les idées, il a aidé à la ruine de la méthode et du système physiocratiques.

SCHELLE.

SUR
LA DISETTE DES BESTIAUX.

(1786.)

(Mémoire au comité d'agriculture.)

Le prix naturel de chaque denrée dans l'état de liberté est un total formé de l'addition des valeurs consommées ou dépensées pour les obtenir.

Ainsi le prix des légumes résulte du loyer du champ qui les a produits ; des dépenses et consommations de toute espèce faites par ceux qui ont bêché, cultivé, semé, arrosé, récolté ; enfin du capital et de l'intérêt des avances qu'ils ont été obligés de faire.

On en peut dire autant des bestiaux destinés à la consommation : leur valeur consiste dans le prix qu'a coûté le bœuf lorsqu'il a été détaché de la charrue ; plus dans la valeur de tout ce qu'il a consommé ou fait consommer jusqu'au moment où il a été vendu au marché pour être conduit à la boucherie.

Le prix des bestiaux comme celui de toutes les denrées n'est donc pas arbitraire; il est déterminé par la nature des choses, et l'autorité ne peut rien y changer sans occasionner un trouble, presque toujours plus funeste que le mal auquel on se propose de remédier.

Il résulte de ces principes que le fourrage ne peut enchérir sans préparer pour la suite le renchérissement de tous les bestiaux qui en ont été nourris; la rareté du fourrage donne lieu à une autre cause d'enchérissement des bestiaux; lorsqu'ils sont rares et chers, les bestiaux sont moins bien nourris, ils manquent souvent du nécessaire, ils souffrent, ils tombent dans un état d'épuisement et de langueur et périssent; souvent on est obligé de les égorger pour en tirer au moins quelques parties, en sorte que la rareté des fourrages contribue au renchérissement des bestiaux de plusieurs manières, par la diminution du nombre des individus et par l'augmentation de valeur de ceux qui restent.

Ce renchérissement, au surplus, est précisément le remède que l'ordre des choses emploie pour arrêter les funestes effets des disettes et pour rétablir l'équilibre.

En effet, lorsque la denrée hausse de prix, elle cesse d'être à la portée des consommateurs les plus pauvres; ceux d'un ordre mitoyen s'efforcent de faire des retranchements et des économies, en sorte que, tout naturellement et sans qu'on s'en doute, la consommation à la fin de l'année se trouve avoir été allégée précisément sur les quantités existantes.

Le renchérissement de la denrée produit encore un autre effet; le bon prix qui s'établit attire la denrée de l'étranger par l'appât du bénéfice et cette cause accélère le retour de l'abondance.

On pourrait comparer le renchérissement qui accompagne les disettes aux crises dans les maladies; les crises ne sont autre chose que l'effort que fait la nature pour rétablir dans l'économie animale l'ordre qui a été troublé. Malheur, en administration comme en physique, au médecin qui lutte contre la loi qu'a établie la nature, et qui ajoute à la maladie du corps politique les tristes effets de son impéritie!

Ces principes une fois posés, il reste à les appliquer à la situation présente.

Une disette de fourrages, dont il n'y a point eu d'exemples depuis longtemps, a désolé la France pendant l'année 1786 : une partie des bestiaux ont été égorgés par l'impossibilité où l'on était de les nourrir; d'autres sont morts d'épuisement et de faim; une disette de bestiaux a été la suite inévitable de ces désastres. Quelle doit être la conduite du magistrat chargé de la police dans une circonstance aussi fâcheuse? Sa première attention doit être ce

laisser au prix des bestiaux leur libre cours
S'il se permettait de changer quelque chose à
l'ordre naturel, ce devrait être plutôt en portant les prix au-dessus de leur véritable niveau
qu'en les maintenant au-dessous; il en résulterait trois principaux avantages :

1° le surenchérissement des prix diminuerait
la consommation ;

2° il accélérerait le retour de l'abondance ;

3° il produirait l'effet d'une prime qui attirerait les bestiaux même de l'étranger, et cette
prime aurait l'avantage de ne point être à la
charge du Roi.

Si, au lieu de suivre cette marche tracée par
la raison, on avait voulu concilier à Paris deux
choses incompatibles dans un état de disette :
le bon marché et l'abondance; si, après avoir
fait une première faute en fixant trop bas le
tarif de la viande, on avait essayé de la réparer
par des moyens forcés; si on avait employé la
ressource presque toujours ruineuse des compagnies qui ne manquent jamais de s'offrir au
gouvernement dans les temps difficiles et qui
ont l'art de déguiser leur intérêt sous l'apparence de l'intérêt public, on pense qu'on ne
saurait trop tôt en revenir aux principes que
l'on a cherché à établir, en détruisant toute
apparence de compagnie autorisée par le Gouvernement, en haussant le prix du tarif de la
viande à Paris, même un peu au-dessus de
son véritable niveau, et peut-être en accordant

des primes pour l'introduction des bestiaux
étrangers.

Ce plan est précisément celui qu'on a suivi
pour le bois les années dernières. Tant qu'on a
voulu en maintenir le prix au-dessous de sa
juste valeur, on n'a point amené de bois à
Paris ; dès que les prix ont été convenablement
allégés, l'abondance a reparu.

On proposera peut-être, pour éviter les inconvénients d'un tarif et des erreurs qu'on
peut commettre en le formant, de laisser vendre
à Paris la viande à prix défendu. Cette liberté,
qui peut-être aurait ses avantages, n'est point
compatible avec les institutions existantes : les
bouchers de Paris forment dans le moment
une compagnie peu nombreuse, qui a le droit
exclusif de vendre la viande. Si le prix n'était
pas fixé, on serait livré à tous les abus du monopole.

SUR LES ENCOURAGEMENTS

QU'IL EST NÉCESSAIRE D'ACCORDER

A L'AGRICULTURE

(1787.)

(Mémoire au comité d'agriculture)

L'agriculture est la première de toutes les fabriques, et la valeur de ses productions, estimée d'après des évaluations modérées, s'élève à plus de 2 milliards 500 millions.

C'est cette reproduction annuelle qui fournit au payement de l'impôt, à la nourriture, à l'habillement des peuples et au commerce d'exportation.

Le commerce et l'industrie ne peuvent employer que les matériaux qu'elle a fournis ; en sorte qu'elle est la source première, la source presque unique de toutes les richesses nationales.

Il n'y a pas longtemps que ces grandes vérités, ces vérités fondamentales sont connues, ou, au moins, on n'a pas été suffisamment pénétré de leur importance. L'attention de l'administration s'est portée tout entière sur le commerce, qui présentait des opérations plus brillantes, plus propres à illustrer un règne ou un ministère; on a abandonné la réalité pour l'ombre, et, pendant que l'agriculture faisait en Angleterre des progrès rapides, elle est demeurée en France à peu près dans le même état où elle était au commencement de ce siècle; cette différence entre l'agriculture anglaise et la française est telle qu'à bonté de terre égale, un arpent en Angleterre rend deux cinquièmes de plus qu'un arpent de même nature en France, c'est-à-dire presque le double.

Mais pourquoi l'agriculture est-elle moins avancée en France qu'en Angleterre? La nation n'est ni moins laborieuse, ni moins industrieuse que la nation anglaise; elle réussit comme elle dans tout ce qu'elle entreprend; elle égale presque toujours, elle surpasse quelquefois ce qui se fait de mieux en Angleterre. Osons le dire, c'est que l'agriculture est une profession qui n'est exercée que par la classe la plus indigente du peuple et que, jusqu'au règne de Louis XVI, le peuple n'avait été compté pour rien en France; on ne connaissait que les mots de force, de puissance, de richesse de l'État; ceux de bonheur du peuple, de liberté, d'aisance particulière, n'avaient jamais frappé l'oreille de ceux qui nous gouvernent, et l'on ignorait que le

véritable but du gouvernement doit être d'augmenter la somme des jouissances, la somme du
bonheur et du bien-être de tous les individus.

Si le commerce a été plus écouté, plus pro-
tégé, c'est que la profession de négociant est
exercée par une classe de citoyens d'un ordre
plus élevé, qui savent écrire et parler, qui vivent dans les villes, qui y font corps et dont la
voix se fait plus facilement entendre. Le malheureux cultivateur gémit dans sa chaumière; il n'a
ni représentant, ni défenseur, et ses intérêts
n'ont même été comptés pour rien dans la dis-
tribution qui a été faite de départements de
l'administration du royaume.

La sagesse éclairée du roi l'a déterminé à
rompre les entraves qui enchaînent de toutes
parts le commerce en France. Le royaume va
être incessamment débarrassé des lignes de
bureaux et d'employés qui le traversent. Le
voyageur et le commerçant ne seront plus assu-
jettis à des visites multipliées, à une foule de
formalités gênantes, et des sujets qui vivent
sous un même prince ne seront plus étrangers
les uns par rapport aux autres.

L'agriculture attend de son souverain les
mêmes bienfaits; elle est plus gênée, plus con-
trariée, plus opprimée que ne l'est le commerce
lui-même, et le Roi ne peut refuser à une partie
de ses sujets ce qu'il a cherché à procurer à une
autre par tant de travaux et au milieu de tant
de contradictions.

On ne peut douter que ce ne soit principalement de nos institutions et de nos lois que
viennent les obstacles qui s'opposent aux progrès de l'agriculture, et le retard effrayant dans
lequel elle est par rapport à celle de l'Angleterre. Ces obstacles sont :

Premièrement. — L'arbitraire de la taille, qui
humilie le contribuable, qui l'empêche de donner
à ses facultés tout l'essor dont elles sont susceptibles, qui s'oppose aux améliorations parce
qu'elles attirent sur celui qui les fait une augmentation inévitable d'impôt, enfin parce que la
taille, de la manière dont elle se perçoit dans la
plus grande partie des provinces, est une véritable prime de découragement.

Secondement. — Les corvées, plus humiliantes
encore que la taille et qui réduisent les sujets
du Roi à la condition de serfs, qui enlèvent les
bras à l'agriculture, souvent dans le moment
où ils lui sont le plus utiles, et qui suspend des
travaux sur lesquels porte toute la richesse
nationale.

Troisièmement. — Les champarts, les dîmes
inféodées, les dîmes ecclésiastiques, qui enlèvent dans quelques cantons plus de moitié et
quelquefois la totalité du produit net de la
culture.

Quatrièmement. — La forme vicieuse de la
plupart des perceptions établies sur les consommations.

Cinquièmement. — Les visites domiciliaires

relatives aux droits d'aides, de gabelles et de tabac; visites qui entraînent la violation du domicile, des recherches inhumaines et indécentes, qui portent la désolation dans les familles et qui tendent à rendre odieuse l'autorité du plus humain des rois.

Sixièmement. — La banalité des moulins, qui s'oppose à la perfection de la mouture, qui met le peuple des campagnes à la merci de l'avidité et du monopole des meuniers, qui fait manger une nourriture de mauvaise qualité à plus de la moitié du royaume, enfin qui occasionne une perte d'un sixième au moins dans les farines que le mauvais moulage ne permet pas de séparer d'avec le son.

Septièmement. — Le droit de parcours, qui subsiste encore dans une partie du royaume, qui s'oppose à la clôture des terres, à la destruction des jachères, qui oblige de sacrifier les regains et une partie des engrais, qui ôte aux cultivateurs tout intérêt d'améliorer, qui tend à communiquer, à répandre et à propager les maladies épizootiques, enfin qui défonce les terres par le piétinement des bestiaux.

Huitièmement. — Les retenues d'eau que les riverains des ruisseaux et rivières se sont arrogé le droit de faire pour l'aliment de leurs moulins; retenues qui inondent une partie des prairies du royaume, qui convertissent en marais des pâturages précieux et enlèvent à l'agriculture des produits immenses.

Neuvièmement. — Le système prohibitif que le gouvernement a presque toujours adopté pour l'exportation des denrées; système qui limite l'industrie du cultivateur et qui lui défend, en quelque sorte, de récolter du blé au delà de ce que le royaume peut en consommer.

Croirait-on qu'un royaume aussi fertile, aussi essentiellement agricole que l'est la France, qui devrait exporter des productions de toute espèce, manque de chanvre, de lin, d'huile, de laine, de bestiaux, qu'il en tire des quantités considérables du dehors et qu'il est à la merci de l'étranger pour une grande partie des objets de culture auxquels son sol est le plus propre?

Cet état de langueur et d'abandon, dans lequel est en France le premier et le plus utile de tous les arts, celui qui occupe le plus grand nombre de bras, qui peut contribuer le plus à la richesse, à la force de la nation et surtout au bien-être du peuple, tient à ce que personne ne s'en occupe, à ce qu'on n'a jamais pensé à établir une relation entre ce département et les autres; qu'il est resté isolé sans encouragements, sans secours, sans fonds disponibles.

Il faut sans doute instruire et encourager; mais ni l'instruction, ni les encouragements ne rempliront leur objet, tant qu'on ne détruira pas les obstacles qui s'opposent à toute amélioration, à toute progression, à tout changement utile.

Une partie de ces vues a été mise sous les

yeux de M. de Calonne, et il en a été frappé, il a essayé de donner une forme et une existence au département de l'agriculture. Un comité a été formé sous la présidence de M. de Vergennes, et depuis près de deux ans qu'il est établi, quoique tout secours lui ait été refusé, il a fait plus qu'on ne pouvait en espérer; on en va juger par l'exposé très sommaire de ses travaux.

Il a monté une correspondance avec les intendants, les sociétés d'agriculture, et surtout avec un assez grand nombre de curés; il a donné lieu à l'établissement d'associations champêtres pour l'instruction des agriculteurs et pour l'encouragement de l'agriculture, et ces assemblées naissantes promettent les plus grands succès.

Un tableau de comparaison de toutes les mesures de terres, de grains et de liquides a été entrepris; des instructions ont été publiées sur les prairies artificielles, sur la culture du lin, sur celle des turneps, des betteraves champêtres, sur le parcage des moutons, sur le chaulage des blés.

Il s'est occupé des moyens de perfectionner les races de bestiaux, d'améliorer les laines, d'établir dans les campagnes des filatures qui pussent procurer une main-d'œuvre utile pendant l'hiver, c'est-à-dire pendant la cessation des travaux de la campagne, de continuer l'*Atlas rural et minéralogique de la France,* qui avait été commencé par M. Guettard, de rassembler dans un dépôt la collection de tous les instruments aratoires, de toutes les machines d'agriculture d'Angleterre et des autres pays.

La question des dîmes souvent réclamées sur les prairies artificielles et sur les cultures nouvelles a été discutée dans ses assemblées relativement au droit public du royaume, à l'intérêt général de l'État, à celui des décimateurs eux-mêmes, et des mémoires ont été remis à M. de Calonne. Les autres lois existantes et qu'on a pu regarder comme nuisibles aux progrès de l'agriculture ont été analysées; telles sont celles relatives au droit de parcours, à la défense de dessoler les terres, à l'établissement des pâtres communs, à la liberté du commerce des grains, etc. Les mémoires se sont accumulés; mais jusqu'ici le plus grand nombre est demeuré sans suite et sans effet, parce que le comité formé par M. de Calonne était un établissement naissant et qui n'avait point encore acquis suffisamment de consistance.

Mais ce qui a surtout interrompu le cours de tous les travaux utiles qui ont été commencés, c'est le manque de fonds. Il ne suffit pas, pour encourager de nouvelles cultures, de répandre des instructions, d'indiquer les moyens de perfectionner les races de bestiaux, il faut les accompagner de distributions gratuites de graines, de distributions de béliers tirés de l'étranger, attacher aux succès des encouragements et des primes. Il faut plus encore, il faut joindre

l'exemple aux encouragements et aux préceptes.
Le Comité d'agriculture a reconnu la nécessité
de monter dans les environs de Paris, et peut-
être dans plusieurs provinces, des fermes expé-
rimentales destinées à servir de modèles et dans
lesquelles on aurait établi le système d'agriculture anglaise. Ces établissements importants
n'ont pu avoir lieu faute de fonds ; on a été
obligé de renoncer, pour la même cause, à la
suite du travail sur les mesures, à la continuation de l'*Atlas minéralogique*, à la collection des
machines d'agriculture.

M. le contrôleur général avait promis et
assuré verbalement un fonds fixe de 30,000 livres
par mois à la disposition du comité, à la charge
toutefois de lui rendre compte de l'emploi et de
prendre ses décisions sur tous les objets ; mais
les vues étendues qu'il avait prises sur ce département l'ont engagé à différer, et deux
années qui peut-être auraient suffi pour changer
la face de l'agriculture dans le royaume, qui y
auraient introduit une source de prospérités,
ont été perdues.

On ne peut plus espérer de retrouver des circonstances aussi favorables que celles qui ont
eu lieu. La sécheresse de 1785 et la disette des
fourrages qui en a été la suite avaient fait sentir aux cultivateurs l'avantage des prairies artificielles, de la culture des turneps, etc. La crainte
du retour d'un semblable fléau les engageait à
tout tenter pour s'en garantir, et c'était le mo-

ment à saisir pour faire des distributions de graines et pour établir de nouvelles cultures. Mais il faut au moins tirer de ce qu'on n'a pas fait d'utiles leçons pour l'avenir. Les dépenses nécessaires, dans ce moment, pour fonder le département de l'agriculture ne sont point incompatibles avec l'esprit d'économie qui anime l'administration actuelle. C'est sur les dépenses stériles, sur celles dont il ne résulte et ne peut résulter aucun avantage, que doivent porter les économies. Celles qui seront faites pour l'amélioration de l'agriculture sont d'un autre genre : ce sont des avances productives ; c'est une semence qui rendra beaucoup plus de cent pour un. On a prouvé, dans des mémoires remis à M. de Calonne, que les produits bruts de l'agriculture s'élevaient à 2 milliards 500 millions. Quand on ne produirait qu'une amélioration d'un dixième, on aurait augmenté de 250 millions la masse de la richesse publique. Certainement le roi ne peut faire un placement plus avantageux pour la nation et pour lui-même; car on ne peut augmenter la richesse nationale, sans augmenter en même temps les produits des droits du Roi.

SUR LE RACHAT

DES CHARGES DE FINANCE

L'ÉTABLISSEMENT D'UNE CAISSE D'ESCOMPTE

ET LA CRÉATION D'UNE CAISSE DE BIENFAISANCE.

(1788.)

(Mémoire à l'Assemblée provinciale de l'Orléanais.)

AVERTISSEMENT.

Le mémoire qu'on va mettre sous les yeux de
l'Assemblée provinciale de la généralité d'Orléans, a trois objets principaux : *premièrement,*
le remboursement comptant des charges de finance de la province, l'établissement des tré-
soriers généraux et particuliers immédiatement,
sans désordre, et une grande économie dans les
frais de recouvrement ; *secondement,* l'établissement d'une caisse d'escompte qui procurerait
au commerce d'Orléans, de Chartres et des principales villes de la Généralité des fonds à un
modique intérêt ; *troisièmement,* l'établissement
d'une caisse de bienfaisance où seront versées
les épargnes du peuple et qui formeront une
véritable caisse d'assurances contre les atteintes

de la misère et de la pauvreté, principalement en faveur des vieillards et des veuves. Ces trois objets, quoique liés ensemble par la nature des choses, peuvent néanmoins se séparer les uns des autres, de manière qu'on peut en adopter un et rejeter les deux autres. On les traitera en conséquence dans autant d'articles séparés.

DES MOYENS QU'ON PEUT EMPLOYER POUR OPÉRER LE REMBOURSEMENT DES CHARGES DE FINANCES DE LA GÉNÉRALITÉ D'ORLÉANS, ET RÉDUIRE LES FRAIS DE RECOUVREMENT ET DE PERCEPTION.

On ne peut douter qu'il ne fût également avantageux et pour le Roi et pour les provinces d'établir une rentrée plus directe du produit des subsides qui doivent se verser au Trésor royal, de supprimer des intermédiaires coûteux qui souvent avancent au Roi ses propres deniers, et d'économiser des frais de taxation et de gages qui, en dernière analyse, forment toujours une charge publique. Une seule difficulté paraît mettre à ce plan des obstacles qui d'abord semblent insurmontables : c'est le montant considérable de la finance des offices, celui des avances que les titulaires ont faites au gouvernement, et la difficulté d'en opérer le remboursement comptant. On observera, à cet égard, que le Roi se déterminant à supprimer les offices comptables actuellement existant dans la Généralité d'Orléans, la finance qu'en serait remboursable qu'après l'apurement du compte du titulaire et après l'obtention du *quittus* de la Chambre des comptes. Il est difficile que cette comptabilité soit terminée avant trois ou quatre ans et on va voir que, pendant cet intervalle, il serait facile à la province de se procurer des ressources et de pourvoir au remboursement.

Il ne reste donc de difficulté pressante qu'à l'égard des avances dans lesquelles les comptables se sont constitués envers le gouvernement ; elles se font en argent et en rescriptions dont la remise se fait au Trésor royal de mois en mois; or la province ou son trésorier peuvent remettre au Trésor royal des rescriptions ou assignations, tout aussi facilement que l'ont fait, jusqu'à présent, les receveurs généraux des finances, et les effets auront certainement autant de cours; enfin, s'il convenait mieux à la province de faire une partie ou même la totalité des avances en argent comptant et de retirer ses propres effets ou rescriptions, le rédacteur de ce mémoire se croit assuré de pouvoir lui offrir, à un intérêt modéré, un crédit momentané de plusieurs millions, et espère même pouvoir, au besoin, l'étendre jusqu'à quatre ou cinq.

On dit un crédit momentané, parce qu'il n'est pas assuré de pouvoir le continuer au delà de huit mois ou un an; mais, dans l'intervalle, la province demandera à être autorisé à ouvrir un emprunt, dont les rentrées successives viendront au secours du crédit proposé; elle retrouverait la dépense que lui occasionnerait l'intérêt annuel de cet emprunt, par le bénéfice qu'elle ferait, en retirant ses rescriptions et en les escomptant.

Il serait intéressant que, de quelque façon que ce soit, la province pût affecter une somme annuelle à l'amortissement de cet emprunt, afin qu'elle eût la perspective, plus ou moins éloignée, de se libérer, et qu'elle eût un crédit neuf pour des temps difficiles.

Le projet de remboursement qu'on vient d'exposer ne présente, sans doute, que des moyens simples, et que chacun aurait pu facilement imaginer; mais il est question de le rendre praticable, et il ne pourrait l'être que par l'offre d'un crédit de plusieurs millions. Le rédacteur de ce mémoire n'a pour objet, dans cet arrangement, que de donner à la province une preuve de son dévoûment et de son attachement à ses intérêts, et ne veut en tirer aucun bénéfice; il y mettra seulement une condition, dont il fera part, si son projet est sérieusement adopté.

DE L'ÉTABLISSEMENT D'UNE CAISSE D'ESCOMPTE EN FAVEUR DES NÉGOCIANTS DES VILLES D'ORLÉANS, DE CHARTRES, DE BLOIS ET AUTRES VILLES DE COMMERCE DE LA GÉNÉRALITÉ.

Le commerce, en général, au moins dans le

plus grand nombre des villes du royaume, est restreint et limité par le manque de capitaux. Ainsi, multiplier les capitaux, c'est étendre et vivifier le commerce. Si la caisse générale de la province rentrait entièrement dans la main de l'administration provinciale, les fonds qu'elle aurait à sa disposition pourraient être employés utilement, pour elle et pour le commerce, à escompter les lettres de change et effets des négociants. On suivrait à cet égard la règle établie par la caisse d'escompte.

On donnera un plan détaillé de cet établissement, des règlements auxquels il conviendra de l'assujettir, des bénéfices et des avantages qu'on peut en espérer, lorsque le moment sera venu de penser sérieusement à le former.

On n'en parle ici que pour mieux faire sentir combien il serait important, pour la province, d'être chargée directement de la recette générale des deniers du Roi, puisque, sans ce préliminaire, tout établissement utile de ce genre devient impraticable.

On peut objecter contre cette proposition que, par l'article 10 de l'arrêt du Conseil du 18 février 1787, la caisse d'escompte a le privilège exclusif d'exercer à Paris et dans tout le royaume les opérations dont elle est en possession; mais il est à observer que, par le fait, la caisse d'escompte n'a pas établi son privilège dans les provinces. Le gouvernement a donc le droit d'exiger d'elle, ou qu'elle forme à Orléans et dans les principales villes du royaume l'établissement d'une caisse, ou qu'elle abandonne à d'autres un droit qu'elle n'exerce pas.

PROJET D'ÉTABLISSEMENT D'UNE CAISSE DE BIENFAISANCE, DONT L'OBJET SERAIT D'ASSURER AUX VIEILLARDS ET AUX VEUVES DES SECOURS CONTRE L'INDIGENCE.

L'homme, à l'instant de sa naissance, est dans l'impuissance absolue de satisfaire à ses besoins; il est dans la dépendance des autres hommes, et il ne peut subsister que par les soins continuels qu'ils prennent de son existence. Peu à peu l'âge opère le développement de ses forces, et il arrive à une époque où non seulement elles suffisent aux besoins de l'individu, mais où il lui reste un excédent qu'il peut employer à rendre à d'autres hommes les secours qu'il a reçus. Cette époque est la plus brillante de la vie, mais elle n'a qu'une durée limitée : à l'approche de la vieillesse, les forces diminuent à peu près comme elles se sont accrues dans l'adolescence ; le vieillard retombe dans le même état de dépendance où il avait été dans son enfance, et il lui reste de plus le regret des jouissances qu'il a perdues, et le souvenir douloureux de ce qu'il a été et de ce qu'il n'est plus.

Heureux celui qui, à cette époque, est le père d'une postérité nombreuse! Heureux celui qui, environné d'une famille reconnaissante et attendrie, reçoit d'elle, dans ses derniers moments, les secours qu'il lui a prodigués dans la vigueur de sa jeunesse, et qui est conduit au terme de sa carrière par une vieillesse douce et tranquille ! Mais ce bonheur versé sur les derniers moments de la vie n'est pas réservé à tous les hommes : les uns vieillissent sans avoir eu le bonheur de se voir renaître dans leurs enfants ; d'autres ont été condamnés à les perdre au moment où leur assistance allait leur devenir plus nécessaire. Ils ont vu disparaître, en un instant, le fruit d'un grand nombre d'années d'avances et de travaux ; quelques-uns, plus malheureux encore, n'ont donné le jour qu'à des enfants dénaturés qui les abandonnent et ne les payent que d'ingratitude. Mais, sans accuser l'humanité, sans nous arrêter à ces exemples qui sont heureusement rares, ne voyons-nous pas tous les jours qu'un malheureux journalier chargé d'une nombreuse famille gagne à peine même en épuisant ses forces, du pain pour faire subsister sa femme et ses enfants ? Eh ! de quel droit pourrait-on exiger qu'il préférât les auteurs de ses jours, tombés dans la caducité, à la compagne qu'il s'est choisie, à la mère de ses enfants, à celle qui les allaite, à ces êtres eux-mêmes auxquels il a donné le jour ? Et qui osera le décider, dans l'alternative d'accorder ou de refuser à des têtes si chères un aliment nécessaire à tous, insuffisant pour soutenir l'existence de tous ?

Nous n'ignorons pas, Messieurs, que des âmes qui ne sont point émues par le spectacle de l'humanité souffrante regardent un vieillard, que sa faiblesse condamne à l'oisiveté, comme un être à charge à la société, dont la chose publique a intérêt de se débarrasser, et ils seront peu touchés des soins dont nous nous occupons pour procurer une subsistance à cette classe d'infortunés. Ce n'est point à ces âmes insensibles que nous nous adressons. Le zèle ardent qui vous anime pour le bien de l'humanité, l'esprit de patriotisme dont vous êtes pénétrés nous répond d'avance qu'il n'en existe point parmi vous.

Nous appellerons le plan que nous avons à vous proposer : *Projet d'une caisse d'assurance, en faveur du peuple, con're les atteintes de la misère et de la vieillesse.* Nous allons en donner le développement :

M. Mathon de la Cour, dans un ouvrage ingénieux qui sens doute est connu de la plupart de vous (1), a établi, par des calculs de la plus grande exactitude, qu'une somme de 100 livres, placée à 5 p. 100, et accrue, tous les ans, par le produit des intérêts replacés de la même manière, formait :

(1) Lavoisier donne à la suite de son mémoire un extrait de l'ouvrage de Mathon de la Cour. Cet extrait ne présente plus aujourd'hui le même intérêt de curiosité qu'alors,

Au bout de cent ans, un capital de...... 13,136l 17s 0d
Au bout de deux cents ans, de....... 1,725,708l 5s 6d
Au bout de trois cents ans, de..... 226,711,589l 12s 6d
Au bout de quatre cents ans, de. 29,782,761,461l 13s 0d
Au bout de cinq cents ans, de. 3,912,516,789,074l 15s 3d

Cet aperçu, qui démontre ce que peut une économie longtemps soutenue, a donné à M. de la Roque l'idée d'un ouvrage sérieux dans lequel il s'est occupé des moyens de réaliser, en faveur des vieillards indigents et des veuves, une partie de l'ingénieuse fiction imaginée par M. Mathon de la Cour.

Après avoir discuté, dans une brochure imprimée en 1785, les *Tables de mortalité* publiées, pour Londres, par Sinart et Simpson ; pour Breslau, par M. Halley ; pour Paris, par M. Dupré de Saint-Maur et par M. de Buffon ; pour les rentiers-viagers d'Amsterdam, par M. de Kersboonn ; pour les tontiniers de France, par M. de Parcieux ; pour les habitants de Suède, par M. Vargentin ; et, après en avoir déduit la mortalité des différents âges, il a calculé des Tables qui présentent :

1º Ce qu'une livre ou 20 sous, placés tous les ans en viager depuis la naissance, valent de rente viagère à chaque âge de la vie jusqu'à quatre-vingts ans ;

2º Ce qu'il faut placer tous les ans, à chaque âge de la vie, pour jouir à soixante ans d'une rente viagère de 100 livres ;

3º La somme qu'il faut placer, une fois pour

toutes, à chaque âge de la vie, pour, en laissant le capital et les intérêts s'accumuler, avoir droit de jouir à soixante ans d'une rente viagère de 100 livres;

4° Les mêmes résultats appliqués à des rentes perpétuelles.

Ces Tables, qui ont passé sous les yeux de plusieurs commissaires de l'Académie des sciences, ne laissent rien à désirer du côté de l'exactitude; elles donnent sur-le-champ la solution d'une infinité de questions et de problèmes qui sont compliqués et difficiles, même pour les personnes les plus habituées au calcul. Nous allons en rapporter quelques exemples.

Un ouvrier, âgé de vingt-quatre ans, veut-il se procurer, pour l'âge de soixante ans, une rente viagère de 100 livres? La Table VI, de l'ouvrage de M. de la Roque, lui indique qu'il doit placer chaque année 5 livres 9 sous 2 deniers, ce qui exigera de lui une économie de près de 4 deniers par jour. Préfère-t-il acquérir la même rente viagère de 100 livres moyennant une somme une fois payée? La Table VII lui indique qu'en plaçant en viager une somme de 79 livres, elle lui donne le droit de jouir de 100 livres de rente à soixante ans.

Le même ouvrier se marie. Il désire procurer également à sa femme, qui est âgée de dix-sept ans, une rente de 100 livres, dont elle ne jouira qu'à l'âge de soixante ans. Les Tables qu'on vient de citer lui apprennent qu'il peut y parvenir ou par une économie annuelle de 3 livres 7 sous 4 deniers, ou par une somme une fois payée de 52 livres 4 sous 2 deniers.

Veut-il pousser plus loin cette même spéculation et l'étendre à ses enfants ? Il verra, dans la Table VII, qu'une rente de 100 livres à soixante ans ne coûte, à la naissance, que 13 livres 18 sous 8 deniers une fois payés, et pour cette modique somme, il peut préserver son fils des horreurs d'une vieillesse indigente.

Enfin, dans un Supplément, que M. de la Roque vient de publier cette année, il a appliqué les mêmes calculs à des établissements en faveur des veuves, et il fait voir, par des calculs et par des Tables, ce qu'un mari doit placer sur la tête de sa femme, en se mariant, pour que les intérêts accumulés lui procurent une rente viagère d'une somme donnée, lorsqu'elle deviendra veuve.

Ce ne serait point avoir assez fait que d'avoir démontré qu'un artisan, un journalier, avec des économies très modiques, mises en réserve dans le temps de sa jeunesse, peut s'assurer un sort tranquille, pour l'âge où ses forces ne pourront plus fournir à sa subsistance.

Le pauvre n'a point de ressources pour placer ses économies. Celles qu'il peut faire journellement sont trop modiques pour qu'elles puissent former un fonds portant intérêt, et cependant chaque année, chaque mois, chaque jour est calculé dans les Tables que nous venons d'indiquer, et chaque moment perdu l'éloigne du résultat promis par le calcul. Mais, s'il n'a ni le temps, ni les moyens de calculer, de veiller à l'emploi de ses économies, d'en suivre le placement, c'est à la chose publique, c'est à vous, Messieurs, qu'il appartient de veiller et de calculer pour lui. Quel autre corps qu'une Assemblée composée de représentants de la province pourrait inspirer assez de confiance pour mériter de devenir dépositaire du fruit de tant de sueurs et de tant de travaux ? Qui pourrait avoir les mêmes ressources, les mêmes facilités, pour recueillir les modiques sommes que les habitants des villes et des campagnes auraient à placer ? Vous avez, dans toutes les paroisses, des collecteurs qui pourraient s'en charger en recette, et il ne s'agirait que de leur donner un registre particulier pour cet objet, qui serait visé et contrôlé par le curé et par la municipalité. Les fonds ainsi recueillis seraient versés à certaines époques dans la caisse de bienfaisance, établie dans le chef-lieu de la Généralité, et jusqu'à ce moment la paroisse en serait garante.

Nous proposons donc de former à Orléans, sous le titre de : *Caisse d'épargnes du peuple*, un établissement où l'on recevrait les sommes qui seraient remises par les personnes de tout âge et de toute condition qui voudraient se procurer à elles-mêmes, à leurs veuves, ou à leurs enfants, à quelque époque que ce fût, une rente viagère d'une somme qui serait déterminée d'après des Tables dressées à cet effet. La province entière serait garante des engagements qui seraient pris par cette Caisse, et de tous les actes qui seraient passés conformément aux règlements qui lui auraient été donnés.

Vous seriez, Messieurs, les administrateurs naturels de cet établissement, mais nous ne serions pas d'avis que vous le fussiez seuls. Vous ne vous assemblez qu'à des époques déterminées et pour un temps court et limité, et l'administration de la Caisse d'épargnes demandera des soins habituels de tous les jours et de tous les instants. Le plus grand nombre d'entre vous n'habite pas à Orléans ; plusieurs même sont domiciliés dans la capitale. Nous proposerons donc de composer l'administration de la Caisse d'épargnes de neuf habitants d'Orléans, dont trois seraient choisis au scrutin dans l'Assemblée provinciale, et six dans la Société philanthropique de cette même ville. De ces neuf administrateurs, trois seraient changés chaque année, en sorte que l'administration se renouvellerait en entier tous les trois ans.

Ce n'est point sans dessein que nous proposons de réunir les soins et les lumières de la Société philanthropique d'Orléans, à ceux de l'Assemblée provinciale, pour l'administration de la Caisse de bienfaisance. La confiance publique dont cette société reçoit journellement des preuves, la considération qu'elle s'est acquise,

lui mériteraient seules cette marque de défé-
rence. Mais un motif plus puissant encore doit
vous déterminer à la lui donner. C'est l'intérêt
même de l'établissement qu'il est question de
former. Tout le système de la fondation de la
Caisse d'épargnes étant établi sur l'accumulation successive des intérêts, il est évident que
son utilité toujours croissante commencera par
être nulle dans les premières années ; que la
génération actuelle ne profitera de ses secours
que lorsqu'elle aura atteint un âge avancé. La
société philanthropique, au contraire, a pour
objet de soulager les misères dont nous sommes
témoins, qui sont sous nos yeux, qui nous
affligent. Sa bienfaisance a même un effet pour
ainsi dire rétroactif, puisqu'elle s'exerce en
faveur de la génération qui nous quitte, de celle
que ses infirmités ont détaché, en quelque façon,
de la société. Vous jugez, Messieurs, combien ce
but est respectable, et combien il honore ceux
qui s'en occupent. Qu'il nous soit donc permis
de rendre ici un hommage public de respect et
de reconnaissance au Prince qui s'est rendu le
protecteur, le bienfaiteur et, en quelque façon,
le fondateur de cet établissement, ainsi qu'aux
vertueux citoyens qui consacrent leurs soins et
leurs économies au soulagement de l'humanité
souffrante. Qu'il nous soit permis de les engager
en votre nom à réunir leurs efforts avec les
vôtres, à faire avec vous une association de bien-
fais e, afin que les secours actuels que l'indi-

gence trouvera dans les fonds qu'ils ont déjà rassemblés, et dans ceux que vous pourrez peut-être y ajouter, la mettent en état d'attendre les secours plus efficaces et plus étendus que leur promet l'établissement que je propose.

Quelle que soit, Messieurs, l'administration que vous formerez, elle devra être gratuite, sauf les frais d'un ou deux commis qui seront indispensablement nécessaires, à mesure que l'établissement prendra de la consistance. Le caissier, surtout dans les premiers temps, devra être choisi dans le nombre des administrateurs. Les délibérations qui seront prises pour tous les objets importants ne devront être regardées comme régulières, qu'autant que vous les aurez approuvées. Il sera surtout important de prescrire aux administrateurs de ne faire aucun placement des deniers de la Caisse qu'en une certaine nature d'effets qui seront déterminés par le règlement, tels que les contrats sur les États, le clergé, etc. Tous les effets qui pourraient présenter l'apparence du moindre risque seront exclus, et les administrateurs qui se seront, à cet égard, écartés des règlements demeureront personnellement responsables des événements. Enfin, lorsque cet établissement aura pris sa consistance naturelle, vous pourrez solliciter du souverain une loi qui déclare les rentes, que vous avez constituées en faveur des vieillards et des veuves, incessibles et insaisissables, dans la crainte que les épargnes du pauvre ne deviennent un jour l'objet d'un agiotage scandaleux, et afin, d'ailleurs, que rien ne puisse tromper vos intentions bienfaisantes, et que l'objet en soit nécessairement rempli. Tous les ans, les administrateurs mettraient sous les yeux de l'Assemblée provinciale un tableau de la situation de la caisse, de ses placements, des engagements qu'elle aurait contractés, etc., et ce compte serait publié et imprimé dans vos procès-verbaux d'assemblée.

Peut-être y aurait-il de l'inconvénient qu'on suivît, pour la proportion des mises et des rentes auxquelles elles pourraient donner lieu, les Tables rapportées dans l'ouvrage de M. de la Roque. Ces Tables sont calculées sur des individus de toute espèce, de toute constitution, de tout tempérament, et l'on doit s'attendre qu'on ne souscrira à la Caisse que pour des individus choisis principalement dans les plus robustes et les plus fortement constitués. Cette considération seule, en changeant toutes les porportions, dérangerait toutes les spéculations de la Caisse, et pourrait la réduire un jour à l'impossibilité de tenir ses engagements.

Qui sait, d'ailleurs, si l'art de vivre en société n'est pas susceptible, comme tous les autres, de se perfectionner, si une administration plus populaire, si une répartition plus égale dans les charges publiques, enfin si le calme que répandra sur toute la vie la certitude d'une vieillesse heureuse et tranquille n'augmentera pas la vie moyenne des hommes et ne diminuera pas la mortalité ?

Il faut donc que la balance penche sensiblement en faveur de la Caisse ; que les calculs, loin d'être rigoureux, lui présentent au contraire un avantage, et que cet avantage même soit considérable. Quels inconvénients ces bénéfices pourraient-ils présenter, quand même ils seraient forcés, puisqu'ils deviendraient entre ses mains de nouveaux moyens de bienfaisance et de charité ?

Nous croyons pouvoir vous assurer que ce plan ne présente rien que de praticable, et nous avons d'autant plus lieu d'en être persuadés qu'il vient d'être adopté par le Ministre, pour être exécuté dans la ville de Paris au profit des hôpitaux. Cependant, comme un établissement nouveau, comme le vôtre, exige un excès de réserve et de circonspection, nous vous proposons de remettre à en délibérer jusqu'à l'année prochaine. Deux commissaires que vous nommerez pourront prendre des renseignements plus étendus, former des projets de règlements et les communiquer à l'Académie des sciences, et, sur le compte qui vous sera rendu, vous statuerez définitivement.

SUR L'AGRICULTURE
ET LE
COMMERCE DE L'ORLÉANAIS.
(1788.)

(Mémoire à l'Assemblée provinciale de l'Orléanais.)

PREMIÈRE PARTIE.

DE L'AGRICULTURE EN GÉNÉRAL, ET DANS LA PROVINCE DE L'ORLÉANAIS EN PARTICULIER.

S'il est douloureux d'avoir à vous annoncer que l'agriculture, en France, est dans un état moins florissant qu'elle ne l'est en Angleterre, il est en même temps bien consolant pour nous d'avoir à vous apprendre que vous avez dans les mains les moyens de lever presque tous les obstacles qui s'opposent à ses progrès.

Des calculs très ingénieux, et dont les résultats peuvent être regardés comme des approximations assez exactes, établissent que, tandis qu'en Angleterre chaque mille carré produit 48,000 livres, une même superficie ne produit, en France, que 18,000 livres. Cette énorme différence tient principalement à ce que les jachères

3

sont en pleine valeur dans la majeure partie de l'Angleterre, tandis qu'elles ne le sont que dans une très petite portion des provinces de France, et à quelques autres causes qui vous seront bientôt indiquées.

Des calculs analogues, faits sur la consommation des individus, donnent aussi des résultats très différents. Ils prouvent que la somme des consommations qui se font en Angleterre est presque double de celles qui se font en France, à proportion de la population et de l'étendue territoriale. Or, si la consommation est double, la production territoriale est nécessairement double, puisque, dans un pays qui exporte plus qu'il ne tire de l'étranger, il faut que ce qui se consomme tous les ans se reproduise tous les ans.

Ce serait en vain qu'on voudrait chercher, dans la différence de bonté du sol, la cause de l'énorme disproportion qui existe entre la production territoriale de la France et celle de l'Angleterre. Le sol de la France, en général, vaut au moins celui de l'Angleterre, et elle a de plus qu'elle des genres de production qui lui appartiennent exclusivement, tels que la soie, les vins, les huiles, etc. Cette disproportion ne tient pas non plus à la différence du génie des deux nations. La nation française n'a ni moins de courage, ni moins d'invention que la nation anglaise ; elle n'est pas moins propre qu'elle à toute espèce d'art ou d'industrie. Osons le dire,

Messieurs : cette disproportion tient principalement à la forme de nos antiques institutions. Depuis des siècles, la nation française gémit sous le joug d'une imposition accablante, dont le nom seul, *la taille*, rappelle des idées affligeantes. Cette imposition arbitraire, qui varie du double au simple, d'une province, d'une élection à une autre, et qui croît dans une proportion quelquefois plus forte que les facultés du contribuable, est incompatible avec une agriculture florissante, parce qu'elle est l'amende de l'industrie, qu'elle est une prime en raison inverse, une véritable prime de découragement. L'effroi causé par *la taille* a concentré dans les villes tous les talents et tous les capitaux, et, dans cet instant même où l'on agiote sur tout, même sur des valeurs idéales, tandis que le commerce établit ses bénéfices sur l'échange des productions, l'agriculture, qui les produit et qui les crée, qui est la véritable source, la source presque unique de toutes les richesses, est abandonnée à la partie la plus indigente de la nation ; elle n'est l'objet d'aucune entreprise, d'aucune grande spéculation, en sorte que l'on peut dire qu'on abandonne la réalité pour l'ombre. Nous avons pour garants de ce que nous disons ici sur les inconvénients de *la taille* arbitraire, et sur les entraves qu'elle donne à l'industrie, les discours mêmes prononcés au nom du roi, dans l'Assemblée des notables.

Vous ne perdrez pas de vue, Messieurs, que

la réforme de cette imposition est un des principaux motifs de votre établissement, et que le cri de l'humanité en réclame l'exécution; que l'agriculture n'a commencé à devenir florissante en Angleterre que lorsque l'imposition a été rendue fixe, au moins pour un temps déterminé. Vous ne serez point arrêtés par les obstacles, par la longueur et par la difficulté du travail: guidés par les excellents mémoires que vons avez déjà entre les mains, par de très bons ouvrages qui ont été publiés sur cette matière, même par des citoyens de cette ville, vous marcherez droit au but, et vous vous empresserez de faire jouir la nation de ce bienfait inappréciable.

L'imposition une fois devenue fixe, vous verrez renaître dans les campagnes l'aisance, l'émulation et l'amour de la patrie. Les citoyens de tous les ordres ne craindront plus dans le gouvernement l'adversaire, pour ainsi dire, de leurs propriétés; ils ne verront plus, au contraire, en lui qu'un père qui les protège et qui les défend, et sous la sauvegarde duquel ils peuvent recueillir en paix les fruits de leurs travaux.

L'instruction qui vous a été adressée par le Roi vous indique assez que l'agriculture manque, en général, dans le royaume, d'engrais et de bestiaux; mais une répartition plus juste de l'impôt, une forme qui bannira tout arbitraire, ne suffiront pas pour y rappeler les capitaux nécessaires pour lui en procurer. Il est un autre obstacle qui les en écarte, et il ne dépend pas de vous de le lever : tout capitaliste cherche, pour le placement de ses fonds, l'emploi qui lui présente le plus de sûreté et qui lui promet le plus de bénéfice. Or nous avons reconnu d'après un mémoire détaillé qui a été mis sous nos yeux, que les spéculateurs trouvaient plus d'avantage à jouer dans les fonds publics qu'à verser leurs capitaux dans le commerce, et surtout dans l'agriculture. Cet inconvénient très majeur, qui attire l'argent dans les villes et qui dessèche les campagnes de numéraire, tient à ce que l'intérêt de l'argent est soutenu trop haut dans la capitale par les besoins et les emprunts du gouvernement. Cette considération doit faire voir avec autant de satisfaction que de reconnaissance les sages dispositions qui ont pour objet de ramener promptement l'équilibre entre les recettes et les dépenses.

L'importance de cet objet est si grande, et il est tellement urgent de faire refluer des capitaux dans les entreprises agricoles, que nous ne pouvons nous dispenser de donner ici quelques développements sur cet objet.

On distingue, en agriculture, trois sortes d'avances :

1° Les avances foncières, qui sont une charge de la propriété et qui, en quelque sorte, en constituent la valeur : telle est la construction des bâtiments, et l'établissement de la ferme ;

2° Les avances primitives, telles qu'achat de

bestiaux, ustensiles de labourage, équipages, etc. Ces avances sont à la charge du fermier;

3° Enfin les avances annuelles.

En Angleterre, une ferme ne consiste qu'en une maison d'habitation pour le fermier, en une écurie pour ses chevaux et en un grand hangar. On n'y trouve, le plus souvent, ni granges pour serrer les récoltes, ni greniers pour les fourrages, ni étables, ni bergeries. Les récoltes sont entassées en meules autour de l'habitation; les vaches, les moutons passent toute l'année à l'air, même pendant les froids rigoureux de l'hiver, et ces bestiaux n'en sont que plus sains et plus robustes. En France, au contraire, la quantité de bâtiments qui constituent un corps de ferme est telle que le prix du bail équivaut à peine à l'intérêt des avances qui ont été faites pour la bâtir : l'entretien seul et la reconstruction d'une aussi grande quantité de bâtiments forment une dépense qui, jointe à l'impôt, absorbe la plus grande partie du revenu du propriétaire.

Mais, si les avances foncières sont beaucoup trop considérables en France, les avances primitives, celles qui sont à la charge du fermier, ne le sont pas assez.

Il est rare qu'en France, et même dans cette province qui n'est pas une de ces dernières en produit et en fertilité, un fermier qui fait valoir une ferme de trois charrues ou de trois cents arpents y emploie un capital de 10 à 12,000 livres:

c'est 36 à 40 francs par arpent. En Angleterre, on évalue à 5 livres sterling le capital nécessaire pour bien faire valoir un acre de terre, mesure plus petite que la plupart de nos arpents, et au moins à 3 livres sterling les avances nécessaires pour le faire valoir médiocrement. Les capitaux employés à la culture sont donc, à surface égale, au moins doubles et souvent triples en Angleterre de ce qu'ils sont en France; d'où il résulte que l'agriculture française pèche par un double vice; d'un côté, par un excès, mal entendu dans les avances foncières; de l'autre, par une économie beaucoup plus dangereuse encore dans les avances primitives; qu'on fait ce qu'il ne faudrait pas faire, et qu'on ne fait pas ce qu'il faudrait faire.

C'est principalement la différence du nombre des bestiaux dans les deux cultures qui constitue celle du montant des avances. Dans plus des sept huitièmes du royaume de France, les bois et les vignes exceptés, toutes les spéculations, tous les efforts du cultivateur ont pour objet de recueillir du blé. C'est la vente du blé qui lui fait rentrer les fonds nécessaires pour satisfaire au payement de l'impôt, à la redevance due au propriétaire, à tous les frais d'exploitation. La culture des mars ne produit que de quoi nourrir les chevaux et bestiaux; tout est consommé dans la ferme. Enfin les terres restent en jachères pendant la troisième année. L'agriculture de la plus grande partie des provinces de France, telles que la Beauce, peut donc être considérée comme une grande fabrique de blé; les bestiaux ne sont que les instruments employés pour cultiver et pour fumer, et le bénéfice qu'ils procurent n'est qu'un léger accessoire.

Le système de culture anglaise est presque l'inverse de celui que nous venons d'exposer : dans la plupart des fermes, on ne cultive presque de blé que ce qui est nécessaire à la nourriture de ceux qui les exploitent, et parce que d'ailleurs on ne peut se passer de paille dans une ferme; mais ce n'est pas sur cette culture qu'est fondé principalement le bénéfice de l'exploitation. On cultive pour élever et nourrir des bestiaux, et c'est vers leur vente et leur commerce que se dirige tout le plan de culture. Une seule année sur trois, quelquefois sur quatre et même davantage, est conservée à la nourriture des hommes; toutes les autres sont destinées à la nourriture des animaux. Dans toutes les provinces où l'agriculture est parvenue à un très grand degré de prospérité, c'est-à-dire dans le plus grand nombre, les terres ne se reposent jamais, et ce que nous appelons année de jachères est destiné à la culture du trèfle, des turneps ou gros navets, et cette récolte, qui est un objet très considérable, est en pur bénéfice, puisqu'elle est recueillie sur un sol qui ailleurs ne produit rien.

La connaissance que vous avez des travaux

champêtres vous fait déjà sentir tous les avantages de cette méthode. Vous y voyez une augmentation considérable dans les engrais, et par
conséquent dans la fertilité des terres; plus
d'aisance répandue dans les ménages de la campagne, par la grande quantité de beurre, de
lait et de fromages. Vous y voyez la viande à
meilleur marché pour les habitants des villes,
devenue même d'un prix accessible pour les
habitants des campagnes. Vous y voyez les manufactures alimentées par une plus grande
abondance de productions nationales; les fabriques d'étoffes de laine dispensées de tirer des
matières premières de l'étranger; les tanneries
reprenant faveur par l'abondance des cuirs et
peaux qu'elles auront à préparer; le mouvement et l'activité portés dans les plus importantes de nos fabriques; une somme de richesses répandues dans toutes les classes de la
société; enfin vous y apercevez des avantages
particuliers pour la Généralité d'Orléans, qui
est menacée dans ce moment de perdre le dé-
bouché de ses blés par la révolution qui s'est
opérée dans le commerce de l'Amérique, et vous
y trouvez un motif de plus pour tourner son
industrie et ses spéculations vers l'éducation
des bestiaux et l'amélioration de leur races. En
considérant tous ces avantages, vous êtes éton-
nés, Messieurs, de ce que ce système de culture ne s'est point introduit plus tôt en France;
de ce qu'il n'est connu que dans un très petit

nombre de provinces, de ce qu'il n'est point adopté partout. Mais vous oubliez qu'il exige des avances très considérables, et que les cultivateurs des campagnes sont hors d'état de les faire; que ceux qui sont parvenus, par le concours de circonstances heureuses ou à force de travail, à former quelques économies, se hâtent de retirer leurs enfants d'un état que l'opinion d'un petit nombre de personnes instruites honore, mais que nos institutions avilissent.

Il ne suffit pas d'ailleurs, même à un propriétaire riche, de vouloir établir dans ses domaines le système de culture anglaise. Il faut, pour y parvenir. plus que de l'argent : il faut du temps, des combinaisons suivies et des soins, et vous allez bientôt le sentir. En vain voudrait-on multiplier le nombre des bestiaux, si préalablement on n'avait pris soin de pourvoir à leur subsistance. Il faut donc, avant de penser à établir dans une ferme un plan d'agriculture fondé sur le bénéfice des bestiaux, s'y préparer de longue main et commencer par établir des prairies artificielles; par cultiver en plein champ des pommes de terre, des turneps, des carottes, de la luzerne, du trèfle, du sainfoin, et ce n'est qu'après que l'abondance aura été solidement établie, après qu'on aura une année entière de fourrages en réserve, qu'il faut appeler des bestiaux pour les consommer. Ce n'est pas tout; des fourrages et des bestiaux ne font point encore de fumier : il faut y joindre des pailles, et ce n'est que très lentement qu'on peut en augmenter la quantité. En effet, pour augmenter les pailles, il faut augmenter la quantité des engrais ; pour augmenter les engrais, il faut avoir des pailles, et l'on conçoit que ce n'est que graduellement qu'on peut remplir ce double objet.

On ne peut donc pas opérer des changements prompts et subits en agriculture ; on ne peut que préparer des révolutions lentes et successives ; aussi sommes-nous loin de vous proposer des moyens coactifs ou réglementaires. L'Administration, dans tout ce qui touche aux intérêts particuliers et domestiques, ne doit ni conduire, ni diriger ; elle doit se contenter d'instruire et de protéger ; elle peut quelquefois donner des encouragements et des récompenses ; mais il importe surtout qu'elle s'occupe d'écarter les obstacles, et nous vous en avons déjà indiqué quelques-uns des principaux.

Nous pensons donc que l'Administration provinciale doit se borner, au moins pour cette première année, à répandre les instructions qui viennent de lui être adressées par le Roi, et qui sont un témoignage bien précieux de sa sollicitude paternelle. Sans doute, dans la suite, elle fera davantage, et elle s'efforcera de remplir de plus en plus les intentions de Sa Majesté. Elle préparera, pour l'année prochaine, des instructions plus étendues et qui seront particulièrement adaptées à l'agriculture de cette province ;

elle accordera des encouragements ; elle décernera des distinctions et des prix ; elle fera des distributions gratuites de graines ; peut-être même se déterminera-t-elle à établir des écoles rurales, des cours publics et gratuits des arts économiques, comme le Berry en a donné l'exemple pour la filature. . . . .

Le blé, même dans son état de perfection, n'est pas, en sortant des mains du cultivateur, sous la forme qu'il doit avoir pour être consommé ; il faut qu'il soit moulu, et que la farine soit séparée du son : c'est le but de la meunerie. Mais, tandis que la théorie de cet art, un des plus importants de la société, s'éclaire par de bons ouvrages, tandis qu'il existe d'excellents modèles dans les environs de la capitale, à Etampes, à Chartres, à Epernon, à Châteaudun, à Malesherbes, à Montboissier, la pratique de la mouture, dans presque tout le reste de cette Généralité, est restée dans un état digne des siècles les moins éclairés, en sorte que les réflexions contenues dans l'instruction qui vous a été adressée par le Roi sont applicables à la plupart des moutures de cette province. . .

Quelques auteurs qui ont écrit sur cet objet se sont persuadé que la banalité des moulins était la principale cause de l'état d'imperfection où est, en général, dans le royaume, la mouture du blé : ils ont prétendu que l'espèce de

privilège exclusif qu'exercent les meuniers des
moulins banaux leur ôtait tout intérêt d'améliorer leur travail; que les propriétaires eux-
mêmes, auxquels la consommation soumise à
la banalité ne peut échapper, n'avaient aucun
intérêt de construire de meilleurs moulins.
Enfin ils ont été jusqu'à dire que la banalité
des moulins laissait le peuple des campagnes
à la merci de l'avidité et du monopole des
meuniers, sans leur laisser aucun moyen de
s'en défendre. Ces allégations peuvent être
exagérées ; il est possible qu'on attribue aux
moulins banaux ce qui tient à beaucoup d'autres causes, mais il n'en est pas moins certain
que la mouture du blé présente de grands abus
à réformer, et nous ne doutons pas que votre
zèle pour le bien public ne vous inspire les
moyens de concilier le respect dû aux propriétés avec ce qu'exige l'intérêt de l'humanité

Cet objet, au surplus, a déjà occupé les États
du Languedoc; ils ont reconnu combien la
mauvaise mouture du blé occasionnait de perte
au cultivateur, et combien un nouvel ordre de
choses ajouterait à la subsistance du peuple.
Ils ont, en conséquence, fait rédiger, imprimer
et publier un ouvrage qui renferme le résultat
de toutes les connaissances acquises sur la conservation du blé, sur la mouture, sur la conversion de la farine en pain (1), et qui offre

(1) *Mémoire sur les avantages que la province du Languedoc peut retirer de ses grains, considérés sous leurs diffé-*

un traité complet de l'art de la meunerie et de
la boulangerie. Nous pensons que, provisoire-
ment et jusqu'à ce que l'Assemblée ait pu
s'occuper, d'une manière plus particulière, de
lever les obstacles qui s'opposent à la perfection de la mouture dans la Généralité, elle
pourrait adresser aux bureaux intermédiaires
quelques exemplaires de cet ouvrage. Les connaissances que la lecture répandrait dans la
province germeraient peu à peu, et il est à
présumer que les propriétaires des moulins
banaux, mieux instruits eux-mêmes des inconvénients de l'état actuel, s'empresseraient de
faire à leurs moulins des changements aussi
importants pour la subsistance du peuple et
pour leur propre intérêt.

Nous ne pouvons terminer ce qui regarde la
mouture du blé sans réclamer, au nom de
quelques communautés de la Généralité, contre
le tort que font souvent les moulins aux propriétés particulières. Des pâturages précieux
ont été convertis en des prairies marécageuses
et de peu de valeur, par les retenues que les
propriétaires des cours d'eau se sont crus au-
torisés à faire pour construire leurs moulins.

rents rapports avec l'agriculture, le commerce, la meunerie
et la boulangerie, par M. Parmentier, avec un *Mémoire sur
la meilleure manière de construire les moulins à farine,*
par M. Dransy; ouvrage couronné par l'Académie des
sciences. De l'Imprimerie des États de Languedoc; Paris,
1787, 1 vol. in-fol., de 447 pages, avec une Instruction de
52 pages sur la manière de faire le pain.

Souvent une usine qui ne rapporte qu'une somme modique cause un dommage beaucoup plus considérable aux communautés voisines, par la grande quantité de pâturages qu'on a sacrifiés pour la construire. Vous pourrez charger les Assemblées de département et leurs commissions intermédiaires de vous fournir des éclaircissements sur cet objet, qui tend à augmenter la masse des propriétés foncières de la province, en rendant à l'agriculture des terrains sans valeur, et à diviser, par conséquent, sur une plus grande superficie, le fardeau des impositions.

Le desséchement des marais, en débarrassant les rivières et les ruisseaux et en donnant aux eaux leur libre cours, rendrait les campagnes plus salubres ; les fièvres d'automne, si communes dans certains cantons, seraient moins fréquentes ; le flottage des bois, devenu libre, remonterait plus avant dans l'intérieur des terres ; et des cantons de la Généralité, qui sont sans communication et sans débouchés, se trouveraient vivifiés.

Votre activité, Messieurs, le zèle dont vous êtes animés et que vous transmettez à tous ceux qui sont appelés à coopérer à vos travaux, vous donneront les forces et les moyens nécessaires pour lever successivement tous ces obstacles ; mais il en est d'autres qui tiennent à des coutumes locales, à des lois anciennes, qui ne sont plus adaptées aux besoins actuels de l'agriculture, et dont vous ne pouvez espérer la réformation que par le concours de l'autorité législative : tel est le droit de parcours, qui subsiste encore dans presque toute l'étendue de cette province. On donne ce nom au droit accordé par quelques coutumes aux communautés de leur ressort de mener paître leurs bestiaux, non seulement sur toute l'étendue des terres dépendantes de la communauté, mais encore sur celles des communautés voisines, à charge de réciprocité : quelques coutumes semblent même donner à ce droit une extension encore plus considérable.

DES IMPOSITIONS.

(1789.)

(Instruction de la noblesse du baillage de Blois à ses députés aux États Généraux.)

L'impôt est un partage de la propriété.

Ce partage ne peut être que volontaire, autrement le droit de propriété serait violé : de là, le droit imprescriptible et inaliénable de la nation de consentir les impôts.

D'après ce principe, qui a été solennellement reconnu par le Roi, il ne pourra être établi, levé, ni perçu aucun impôt réel ou personnel, direct ou indirect, aucune contribution quelconque, sous quelque nom et sous quelque forme que ce puisse être, qu'en vertu du consentement et de l'octroi libre et volontaire de la Nation. Ne pourra ledit pouvoir de consentir l'impôt être transporté ni délégué par la Nation à aucun corps de magistrature ou autre, ni être exercé par les États provinciaux, Assemblées provinciales, villes et communautés ; les tribunaux supérieurs et inférieurs seront spécialement chargés de veiller à l'exécution de cet article et de poursuivre, comme exacteurs,

4

ceux qui entreprendraient de lever un impôt qui n'aurait pas été consenti.

Tout emprunt public n'étant, à proprement parler, qu'un impôt déguisé, puisque les propriétés du royaume sont affectées et hypothéquées au payement des capitaux et des intérêts, aucun emprunt, sous quelque forme ou dénomination que ce soit, ne pourra être fait que du consentement et par la volonté de la Nation assemblée.

Le plus grand nombre des impositions et des droits établis jusqu'à ce jour n'ayant point obtenu la sanction de la Nation, la première opération des États assemblés sera de les supprimer tous sans aucune exception; mais, pour éviter, en même temps, l'inconvénient qui résulterait de l'interruption du payement des rentes et des dépenses publiques, la Nation assemblée en vertu du même acte de son autorité les créera de nouveau, pour être perçus à titre de don gratuit pendant la tenue des États Généraux, et jusqu'à ce qu'ils aient pourvu à leur remplacement au moment et dans la forme qu'ils jugeront à propos.

L'impôt n'étant autre chose que le sacrifice volontaire que chacun fait d'une portion de sa propriété particulière en faveur de la puissance publique qui les protège et qui les garantit toutes, il est évident que l'impôt doit être proportionné à l'intérêt que chacun a de conserver sa propriété et, par conséquent, à la valeur même de cette propriété. La Noblesse du bailliage de Blois se croit obligée, d'après ce principe, de mettre aux pieds de la Nation toutes les exemptions pécuniaires dont elle a joui ou pu jouir jusqu'à ce jour, et elle offre de supporter les contributions publiques dans la même proportion que les autres citoyens, à la condition que les noms de taille et de corvée seront supprimés, et que toutes les impositions directes seront réunies en un seul impôt territorial en argent.

La Noblesse du bailliage de Blois, en faisant ainsi le sacrifice de ses anciennes prérogatives, n'a pu se défendre d'un sentiment d'intérêt en faveur de la Noblesse que la médiocrité de sa fortune a fixée dans les campagnes; elle a considéré qu'un propriétaire qui fait valoir son héritage répand autour de lui l'aisance et le bonheur; que les efforts qu'il fait pour augmenter son revenu augmentent la masse des productions territoriales du royaume; que les campagnes sont couvertes de châteaux et de manoirs, jadis habités par la Noblesse française, et qui sont aujourd'hui abandonnés; qu'un grand intérêt politique porte à faire refluer, autant qu'il est possible, les propriétaires dans les campagnes.

Elle croit, d'après ces motifs, devoir solliciter la protection spéciale des États Généraux en faveur de cette portion respectable de la Nation qui partage son temps entre la culture de son champ et la défense de l'État ; et elle espère qu'ils trouveront les moyens de concilier ce qui est dû à leur intérêt et à leur besoin avec la renonciation absolue qui vient d'être faite aux exemptions pécuniaires de la Noblesse.

Si, comme on vient de le dire, l'impôt est le prix de la protection que le Gouvernement accorde aux propriétés, il en résulte que toute propriété que le Gouvernement protège doit être assujettie à l'impôt ; que l'impôt, par une conséquence nécessaire, doit frapper sur les rentes et intérêts des effets royaux dans la même proportion que sur les terres.

En vain dirait-on que cette retenue serait une atteinte portée à la foi publique : la propriété des rentes n'est pas plus sacrée que celle des terres, et si la Nation peut consentir l'impôt sur les unes, elle le peut également sur les autres. La même contribution portera sur les émoluments de toutes les places de finance et sur tous les emplois lucratifs.

L'Ordre de la Noblesse ne doute pas que l'Assemblée nationale ne s'occupe de l'examen et de la réforme de cette foule de droits déterminés par le besoin, et dont l'esprit fiscal, secondé par la nécessité, a rendu la perception intolérable pour les peuples ; telles sont la gabelle, les aides et autres.

Elle demande qu'en attendant que ces droits puissent être supprimés, simplifiés, réunis en un seul, convertis ou abonnés par province, la perception au moins en soit allégée ; que des tarifs soient dressés et exposés aux yeux du public, afin que chacun connaisse ce qu'il doit payer ; que les extensions soient restreintes, que les abus soient réformés.

Dans le nombre de ces droits, quelques-uns ont fixé d'une manière plus particulière son attention, parce que le produit en est d'un modique objet pour le Trésor public, et que les gênes, les dépenses, les frais de perception qu'ils entraînent, ne sont pas proportionnés aux avantages pécuniaires qui en résultent.

Tel est le droit sur les cuirs, qui entraîne des frais de régie considérables, dont la perception n'est assurée que par une marque apposée sur le cuir, substance susceptible de se resserrer ou de s'étendre, et qui donne lieu à des contestations fréquentes, à des accusations de fausses marques et à des instructions criminelles.

L'Assemblée provinciale d'Orléans a déjà réclamé contre la perception de ce droit, et elle a établi la possibilité de l'abonner. Elle a démontré qu'il avait entraîné la chute du commerce des cuirs en France, et que nous ne pouvions, tant qu'il subsisterait, soutenir la concurrence avec les cuirs anglais, ni pour le prix ni pour la qualité.

Tel est aussi le droit de franc fief, qui est à charge au Tiers État qui le supporte, à la Noblesse dont il diminue les propriétés et le produit des mouvances, au Roi lui-même qui se trouverait plus qu'indemnisé de sa suppression, par l'augmentation de toutes les propriétés foncières qui relèvent de lui.

Telle est la capitation, impôt vexatoire et arbitraire, dont il serait à souhaiter qu'on pût opérer la suppression.

Tel est le droit exclusif accordé aux huissiers-commissaires-priseurs de faire les ventes publiques dans les villages. Ce droit onéreux grève les successions, et souvent le prix de la vente des effets des malheureux habitants de la campagne suffit à peine pour satisfaire aux frais.

Tels sont les droits de contrôle des actes, insinuations, centième denier ; la législation de ces droits est tellement ignorée, elle est si fort au-dessus de la portée de tous ceux qui n'en ont point fait une étude particulière, que celui qui paye est nécessairement à la merci du percepteur, sans qu'il lui soit possible de contester ou de se défendre.

Il est utile, sans doute, qu'il existe des formes qui assurent la date des actes, des registres publics où ils soient transcrits et rendus publics ; mais les droits payés à ceux chargés de l'enregistrement et de la transcription pourraient se borner à de simples salaires : ces droits pourraient être fixés d'après un tarif plus simple, plus clair, qui fût à portée de tout le monde, et l'on ne voit pas pourquoi un objet de police et de sûreté publique serait un objet de revenu pour l'État.

Une circonstance remarquable, relativement à la plupart des droits domaniaux, c'est que l'intendant est le seul juge qui connaisse des contestations élevées sur leur perception, sauf l'appel au Conseil, de sorte qu'en première instance, c'est le commissaire du Roi qui juge et qui juge seul, et qu'en dernière instance, c'est le Conseil du Roi.

Tel est encore le droit qui résulte du privilège exclusif des Messageries, qui est exercé par le Roi et qui est affermé par province. Dans un moment où l'on sent mieux que jamais la nécessité de favoriser les communications et le commerce, un impôt mis sur les voyageurs est impolitique, et cette circonstance seule pourrait engager à le supprimer. Un commerçant qui voyage paye déjà des droits assez forts sur les denrées qu'il consomme dans les lieux de son passage, il contribue suffisamment aux charges publiques par les droits imposés sur les objets de son commerce, sans le vexer encore par un impôt indirect qui gêne sa liberté, sans presque rien produire au Trésor public.

Mais, indépendamment des inconvénients que présente la Ferme des Messageries, considérée comme droit, elle en présente de plus graves comme privilège exclusif; elle met, sous ce point de vue, le voyageur dans la dépendance d'un entrepreneur qui n'est pas toujours en état de remplir son service, et qui s'arroge un droit sur ceux qui s'offrent de le faire à sa place; elle retarde le voyageur et nuit à la facilité et à la promptitude des communications.

La renonciation libre et volontaire que vient de faire l'Ordre de la Noblesse à ses exemptions pécuniaires lui donne le droit de réclamer pour qu'il n'en soit conservé d'aucune espèce en faveur d'aucune classe de citoyens. Elle ne doute pas que le Clergé ne consente de même à supporter tous les droits que payent les citoyens des autres ordres, en raison de ses propriétés, et elle demande que le privilège des villes franches, celui des maîtres des postes, celui des gardes-étalons et tous autres, soient supprimés; enfin que l'impôt atteigne tous les lieux, comme toutes les personnes, dans la proportion du produit net de leur revenu.

RÉFLEXIONS SUR LES ASSIGNATS

ET

SUR LA LIQUIDATION DE LA DETTE

EXIGIBLE OU ARRIÉRÉE

(Lues à la Société de 1789, le 29 août 1790).

Dans ce moment, où la rentrée d'une partie des revenus de l'État est suspendue, où le Trésor public, indépendamment des dépenses courantes et des intérêts dont il est chargé, est encore obligé de faire face à une dette arriérée dont l'objet est effrayant, l'État, vous le savez, Messieurs, n'a d'autre ressource que la vente des domaines nationaux. Mais, s'il y a nécessité de vendre pour payer, il y a aussi nécessité de payer pour qu'on puisse acheter. Ainsi, dans toutes les opinions, dans tous les systèmes, on convient que l'État ne peut se libérer que par l'échange des titres de créance de la dette arriérée, contre des domaines nationaux : on ne varie que dans la forme dans laquelle il est le plus avantageux de faire cet échange, et, à proprement parler, il est question de décider qui aura l'initiative, du débiteur ou du créancier.

Dans cet état de la question, deux plans principaux sont proposés :

Le premier consisterait à admettre pour comptant dans l'acquisition des domaines nationaux tous les titres de créance de la dette arriérée, sans changer la nature de ces titres, et sans les convertir ni en quittances de finance, ni en papier-monnaie.

Le second plan consisterait à créer une somme d'assignats égale au montant de la dette exigible, de 2 milliards par exemple ; à leur donner cours de papier-monnaie, et à les employer comme tels au remboursement de l'exigible et de l'arriéré : ils seraient ensuite retirés successivement de la circulation par la vente des domaines nationaux, et brûlés d'après des formes indiquées.

Je cherche à présenter ici ces deux plans dans leur plus grand état de simplicité, en écartant toute question incidente ; mon objet est de discuter ensuite les divers amendements et les modifications dont ils me paraissent susceptibles.

Avant de prononcer entre ces deux propositions, il est nécessaire d'en bien sentir la portée et les effets, d'en calculer les avantages, les inconvénients et les difficultés ; il est nécessaire surtout de bien connaître quelles sont les données du problème, car ce n'est pas un résultat hypothétique que nous demandons, ce n'est point une question métaphysique que nous nous proposons de résoudre; nous cherchons, au contraire, une solution réelle et qui soit applicable aux circonstances dans lesquelles nous nous trouvons.

Comme tous les plans, quels qu'ils soient, ne peuvent rouler que sur un même pivot : la vente des domaines nationaux, il serait bien important de connaître avant tout quels en sont la valeur et le montant. Quoique je n'aie à offrir que des évaluations très vagues, cependant, comme je ne sache pas que personne ait à cet égard des résultats plus positifs, je me permettrai de hasarder mes réflexions.

Les évaluations qui, jusqu'à ces derniers temps, ont été données aux revenus ecclésiastiques, ont varié depuis 110 millions jusqu'à 180; je n'ai pas connaissance qu'aucun écrivain soit parvenu à établir, même sur des probabilités, qu'ils excédassent cette somme : je me crois donc fondé à conclure qu'avant la destruction de l'Ordre du clergé, le capital de ses biens n'excédait pas 4 milliards.

Ce capital a été atténué et successivement diminué :

1º Par la suppression des dîmes, qui entraient à peu près pour moitié dans les revenus ecclésiastiques;

2º Par la suppression des droits de péage et autres qui ont été abolis sans indemnité;

3º Par la réserve des forêts, réserve très sage,

susceptible, peut-être, de quelques modifications, mais sans laquelle il ne pourrait subsister dans le royaume aucune forêt de haute futaie. Cet article, Messieurs, est d'un objet beaucoup plus considérable qu'on ne le croit communément ; il suffit d'avoir parcouru celles de nos provinces qui sont couvertes de bois, pour savoir que la majeure partie des grandes forêts appartiennent à des communautés religieuses.

Enfin les droits de mutation et ce qui reste des droits féodaux sont destinés à périr en peu d'années entre les mains des propriétaires ; ceux de cens et rentes s'anéantiront insensiblement par la désuétude, par le désordre des chartriers, par la difficulté et par les frais de la perception.

Pesez, Messieurs, toutes ces causes de diminutions, et vous conviendrez que le capital des biens nationaux doit être réduit des deux tiers.

Les mêmes réflexions s'appliquent aux domaines qui, ci-devant, appartenaient au Roi : ils sont également diminués par la réserve des forêts, par un grand nombre de droits supprimés, par l'extinction inévitable de beaucoup d'autres. Je crois donc pouvoir assurer, avec beaucoup de probabilité, que les domaines nationaux susceptibles d'être mis en vente ne représentent pas un capital de plus de 1,800 millions. J'avoue même que je ne le porte à cette somme que pour me rapprocher des opinions que je combats, et pour prévenir les objections.

Mais, Messieurs, ce serait vous abuser que de croire que la totalité de cette somme fût disponible.

L'Assemblée nationale a créé en avril dernier pour 400 millions d'assignats, et elle a affecté une somme pareille de biens domaniaux pour leur remboursement, ci.............. 400 millions.

Elle aura besoin, d'ici au 1er mai de l'année prochaine, pour achever de rembourser les anticipations, pour remplacer le vide des impôts, pour faire face aux armements décrétés par l'Assemblée nationale, d'une somme extraordinaire de...................... 250

On ne doit pas s'attendre que les impôts qui seront déterminés pour l'année prochaine seront aussitôt établis que décrétés ; on ne peut pas même espérer qu'ils puissent être levés en totalité : je puis donc, sans exagération, compter encore pour cet article sur un déficit de 100 millions pour les huit derniers mois de 1791, ci.... 100

TOTAL...... 750

Défalquant cette somme de.... 1,800

il ne reste plus de disponible.

que 1 milliard 50 millions, ci. 1,050

Vous serez effrayés, Messieurs, de voir qu'un capital qui était de 4 milliards lorsque la Nation s'en est mise en possession, s'est réduit à 1 milliard dans un intervalle de temps aussi court : et peut-être regretterez-vous qu'un moment d'enthousiasme ait engagé l'Assemblée nationale à renoncer à la dîme, dont le rachat aurait si efficacement contribué au rétablissement des affaires et à l'extinction de la dette publique.

Quelle que soit au surplus votre opinion, Messieurs, sur cet objet, toujours est-il certain que si le capital des domaines nationaux dont il reste à disposer ne s'élève pas à plus de 1 milliard 50 millions ; s'il est possible même que cette évaluation soit exagérée, la prudence ne permet pas de mettre en émission, je ne dis pas pour 2 milliards d'assignats, mais même pour 1 milliard ; car vous concevez que si l'événement venait à prouver qu'une partie des assignats portent à faux, que si on pouvait même le soupçonner, tout crédit serait anéanti.

Je n'ignore pas et je ne sais que trop bien que l'opération qu'on vous propose fera hausser considérablement la valeur des domaines nationaux ; mais cette hausse apparente de toutes les valeurs ne prouvera rien autre chose, comme je l'établirai bientôt, sinon le discrédit de l'assignat ; et quand vous rembourserez une dette avec un effet discrédité, avec un effet en perte, vous ferez réellement banqueroute de tout ce dont il sera au-dessous du pair.

Je pourrais, Messieurs, vous présenter des bases un peu plus certaines, sur le montant de la dette exigible ou arriérée, je les puiserais dans le rapport sur la dette publique fait au nom du Comité des finances, le 27 août dernier, par M. de Montesquiou. L'état qui se trouve à la page 7 de ce rapport l'évalue à 1,902,342,632 livres. Mais si j'entreprenais de discuter toutes les parties de cet état, je tomberais dans des détails excessivement longs qui me détourneraient de mon objet : j'observerai donc seulement que le Comité des finances regarde comme exigibles des objets qui ne le sont pas, ou du moins, ne le seront qu'à des époques éloignées; qu'une partie de la dette du Clergé se trouve déjà confondue avec la dette de l'État; que ce serait être plus que juste, dans la situation actuelle où se trouvent les finances, que de rembourser, sur le pied des capitaux originaires, des rentes qui ont été considérablement réduites, et qui depuis cinquante ans se négocient dans le public et s'évaluent dans les partages de famille, non d'après le taux d'intérêt dont elles ont joui dans l'origine, mais d'après celui dont elles jouissent aujourd'hui : qu'il n'y a pas de motif d'être plus juste envers les créanciers du Clergé qu'envers tous les créanciers de l'État, et que toutes les dettes ecclésiastiques se trouvant garanties par la Nation et hypothéquées sur toutes ses propriétés territoriales, même sur les domaines ecclésiastiques, dans quelques mains qu'ils passent, leur sort est assuré.

J'ajouterai que rien n'oblige à supposer remboursables dans ce moment des emprunts dont les termes d'exigibilité sont encore éloignés, tels que l'emprunt de 125 millions et plusieurs autres; et qu'il ne serait pas prudent d'appeler sur le moment actuel tout l'embarras qui doit se reporter et se répartir sur quinze et vingt années successives.

Enfin j'observerai, relativement aux offices comptables, aux remboursements des cautionnements et des fonds d'avance des compagnies de finance, qu'aucun de ces engagements ne sont liquides, ni même exigibles à des époques très prochaines; que les offices comptables et les cautionnements ne seront remboursables qu'après l'apurement des comptes; qu'il en est de même, jusqu'à un certain point, des fonds d'avance des compagnies de finance, qui sont le cautionnement de leur gestion, et que dans le nouvel ordre des choses qui sera établi pour la perception des impôts, ils sera prudent, il sera indispensable même d'exiger des administrateurs qui seront créés un cautionnement quelconque, moins considérable sans doute que ceux actuels, mais qui sera employé à rembourser une partie des anciens fonds d'avance.

Je n'entreprendrai pas de donner une valeur à toutes les réductions auxquelles ces réflexions pourraient me conduire : elles sont susceptibles de quelque arbitraire, et l'Assemblée nationale peut seule prononcer : mais je crois très possible, si l'Assemblée nationale en témoigne la volonté, de réduire à un capital de 1,200 millions l'exigible et l'arriéré proprement dit, et de reporter le surplus sur des époques moins embarrassantes et moins difficiles. Je partirai donc de cette supposition ; mais que la dette arriérée ou exigible monte à 1,200 millions, qu'elle monte à 1,500, les calculs que je donnerai sont également applicables à l'une et à l'autre de ces hypothèses.

Maintenant que je suis parvenu à établir quelques bases, je passe à la discussion des deux plans proposés pour la liquidation de la dette exigible et arriérée, et j'examine d'abord quels seraient les effets d'une émission de 2 milliards d'assignats.

Qu'on me permette, avant de prendre aucune opinion sur cet objet, de transcrire ici littéralement quelques passages d'un discours de M. Hume sur la balance du commerce.

« Supposons, dit ce philosophe anglais, que les trois quarts de tout l'argent de la Grande-Bretagne fussent anéantis en une nuit et qu'à cet égard la Nation fût réduite à la même condition qu'elle était sous le règne des Henri et des Édouard : quelle en serait la conséquence ? Le prix du travail et des denrées ne tomberait-il pas à proportion, et chaque chose ne serait-elle pas à aussi bon marché qu'elle l'était de ce temps-là? Quelle nation pourrait alors nous le disputer dans le commerce avec l'étranger, ou prétendre de naviguer où de vendre le produit de ses manufactures au même prix qui nous apporterait un profit suffisant? En combien peu de temps donc cet avantage ne nous ferait-il pas revenir tout l'argent que nous aurions perdu, ce qui nous mettrait alors de niveau avec toutes les nations voisines? A peine y serions-nous arrivés que nous perdrions de nouveau cet avantage du bon marché du travail et des commodités : ainsi le flux d'argent qui nous arriverait de l'étranger serait arrêté par notre plénitude et notre réplétion.

« Je suppose encore, continue M. Hume, que tout l'argent de la Grande-Bretagne vînt à quadrupler dans une nuit; l'effet contraire n'arriverait-il pas nécessairement? Ne faudrait-il pas que tout le travail et les commodités montassent à un prix si exorbitant qu'aucune nation ne serait en état d'acheter de nous, tandis que, de l'autre côté, leurs commodités deviendraient à si bon marché, en comparaison des nôtres, qu'en dépit de toutes les lois que l'on pourrait faire, elles entreraient chez nous, et que notre argent en sortirait jusqu'à ce que le niveau avec l'étranger fût rétabli, et que nous eussions perdu cette grande supériorité de richesses qui nous aurait exposé à ces désavantages.

« Il est donc évident que les mêmes causes qui corrigeraient ces inégalités exorbitantes, si

quelque miracle venait à les produire, doivent
les empêcher d'arriver dans le cours ordinaire
de la nature, et conserver habituellement entre
les nations voisines un équilibre de numéraire,
proportionné à l'art et à l'industrie de chaque
peuple. »

Ces principes de M. Hume sont de toute évi-
dence, c'est le premier catéchisme de l'administration : faisons-en l'application à la question
qui nous occupe dans ce moment.

Le numéraire existant en France n'excède pas
beaucoup 2 milliards. Ainsi, créer 2 milliards
d'assignats et les mettre en circulation, c'est
doubler le numéraire du royaume. Je n'exami-
nerai pas dans ce moment si l'assignat perdra
contre argent ; je supposerai au contraire qu'il
aura exactement la même valeur, qu'il sera lui-
même des écus : c'est tout ce que je puis supposer de plus favorable.

Il est évident que si toutes choses demeuraient dans le même état, le doublement subit de
la quantité du numéraire occasionnerait, dans le
premier moment, *au moins* un doublement de
la valeur de tous les objets commerçables, et
que les biens-fonds, comme toutes les propriétés
mobilières et immobilières, se trouveraient
compris dans cette augmentation, c'est-à-dire,
en d'autres termes, que l'argent perdrait moitié
de sa valeur, et qu'il faudrait au moins deux
écus pour faire le même office qu'un seul écu

faisait précédemment. J'observe ici premièrement que, s'il est prouvé que l'écu perdrait moitié, à plus forte raison l'assignat, qui ne peut jamais avoir une valeur supérieure à l'écu, mais qui peut en avoir une moindre, parce qu'il ne peut pas satisfaire à tous les mêmes besoins. J'observe en second lieu que ce n'est pas sans raison que j'ai dit que l'écu perdrait *au moins* moitié de sa valeur : car à l'effet physique se joindrait l'effet moral ; au mal réel s'ajouterait celui de la crainte et de l'opinion, et il en résulterait que l'écu ou l'assignat perdraient réellement plus de moitié ou de 50 p. 100.

Tel serait l'effet d'une émission de 2 milliards d'assignats, si, comme je l'ai supposé, toutes choses *demeuraient d'ailleurs égales* ; mais il n'en est pas ainsi, dans le cas particulier que nous avons à discuter ; car, tandis que d'une main la Nation augmente la masse du numéraire, elle met de l'autre dans le commerce une quantité de biens-fonds, de domaines territoriaux équivalents, ou du moins présumés tels : et les partisans d'une émission aussi considérable d'assignats en concluent qu'il doit y avoir équilibre et qu'il ne doit y avoir aucune augmentation dans les prix.

Je leur répondrai que, pour qu'il y eût équilibre, comme ils le supposent, il faudrait que l'assignat, dès qu'il est créé, allât sur-le-champ s'éteindre par l'acquisition d'un bien territorial, et c'est ce qui n'est pas possible.

Il faut un temps plus ou moins long pour la liquidation de la dette exigible, pour les liquidations et les transactions entre les particuliers, qui en seront la suite ; il faut aux acheteurs un temps donné pour visiter, comparer, consulter leurs convenances sur l'acquisition des domaines. Il ne conviendra pas à tous de payer comptant, et les décrets de l'Assemblée nationale les autorisent à des payements progressifs. Si donc, comme on paraît le proposer, on mettait à la fois en circulation la totalité des 2 milliards d'assignats, il en résulterait pendant plusieurs années, non pas précisément l'effet d'un doublement du numéraire, non pas une augmentation de moitié dans la valeur de toutes choses, mais une augmentation dans la proportion d'un quart, d'un tiers, plus ou moins, suivant que les domaines nationaux se vendraient plus ou moins promptement.

Je ne serai pas, je crois, taxé d'exagération en évaluant à 25 p. 100 le résultat de cet effet : il peut être plus considérable, mais il ne peut être moindre. Ainsi toutes les marchandises, toutes les denrées, toutes les propriétés mobilières et immobilières du royaume, tous les salaires, toutes les mains-d'œuvre augmenteraient de 25 p. 100. Or je vous le demande, Messieurs, comment nos manufactures, grevées d'une sorte d'impôt de 25 p. 100, pourraient-elles soutenir la concurrence avec les fabriques étrangères ? Non seulement nous n'exporterions

plus rien, mais encore nos voisins, dont la
main-d'œuvre n'aurait pas éprouvé le même
renchérissement, inonderaient nos provinces
de marchandises étrangères, en sorte que notre
commerce serait ruiné de fond en comble.

Cet état de détresse, m'opposera-t-on peut-
être, ne durerait que jusqu'au moment où le
trop-plein de notre numéraire se serait écoulé
et qu'il se serait mis au niveau avec celui des
nations voisines. J'en conviendrais sans peine,
si c'était en argent effectif que l'augmentation
de numéraire avait été effectuée.

Mais je vous prie de considérer que, dans la
circonstance où nous supposons que se trouverait l'État, la moitié de son numéraire serait en
papier. Or ce ne serait certainement pas avec
du papier, qui n'a pas de valeur représentative,
que se solderaient nos comptes avec l'étranger;
ce serait notre numéraire effectif, nos écus, qui
sortiraient du royaume; en sorte que, dans un
espace de temps plus ou moins long, il ne res-
terait plus en France que du papier. Enfin,
comme ce papier irait s'éteindre lui-même en
se plaçant dans les achats de domaines nationaux, la France arriverait à un terme où elle
n'aurait, ni suffisamment de numéraire affectif,
ni suffisamment de papier pour les opérations
de son commerce.

Qui pourrait calculer les funestes effets de
cette double crise? qui pourrait déterminer le
nombre des fabriques anéanties, des ouvriers

sans subsistance, des citoyens expatriés qui por-
teraient leur industrie à l'étranger? Qui pourrait
évaluer ce que l'État perdrait en force, en richesses, en population, en prospérité?

Je sais que ces calamités passagères préparent
quelquefois pour l'avenir la prospérité des nations, et que, comme tout tend à l'équilibre,
l'empire français, sous une constitution libre,
reprendrait peut-être en un demi-siècle le degré
de richesse et de prospérité qui convient à sa
position et à l'étendue de son territoire. Mais un
demi-siècle, Messieurs, comprend au moins
deux générations : or, je le demande, est-ce
pour les générations futures que nous avons
nommé des représentants? Les représentants de
la génération présente pourraient-ils, oseraient-
ils se permettre d'acheter le bonheur et la prospérité des générations à venir, par le sacrifice
de deux générations entières ?

Mais, sans insister sur tous ces inconvénients,
il suffit qu'une émission aussi considérable
d'assignats soit inutile ; il suffit qu'on puisse
remplir le même objet, sans jouer d'une manière
aussi hasardeuse, la fortune publique et le bonheur des particuliers, pour qu'il faille repousser
ce moyen imposant, mais gigantesque. Cependant, avant de m'engager dans cette discussion,
je dois dire un mot du second plan qui a été
proposé, et qui consiste à admettre dans l'acquisition des domaines nationaux tous les titres de
créance exigibles et arriérés, sans en changer la

nature. Cette idée se présente d'une manière heureuse et simple ; elle n'emploie aucune contrainte ; elle ne comporte que des stipulations libres, et, sous ce point de vue, elle semble plus conforme aux principes de l'Assemblée nationale, qui sont ceux de la justice. La nouvelle circulation qu'elle établit constitue en quelque façon une monnaie particulière, uniquement applicable à la vente des biens domaniaux ; et comme cette monnaie n'a cours que pour cet objet, comme elle est exclue des stipulations ordinaires, elle n'altérerait ni le prix des subsistances, ni celui d'aucune des valeurs et des propriétés : l'ordre social, le commerce, l'agriculture, l'industrie, n'en recevraient donc aucune atteinte. Cependant ce plan, tout heureux qu'il paraît n'a pas été calculé jusque dans ses détails ; et quelques instants de réflexion feront connaître que, tel qu'il est présenté, il a des difficultés insurmontables ; que, s'il ne trouble pas l'ordre social, considéré dans son ensemble, il le troublerait dans ses détails par le grand nombre de malheurs particuliers qui en seraient la suite nécessaire.

Il faut considérer que le plus grand nombre des titulaires d'offices de judicature et de finance, presque tous ceux qui ont fourni des cautionnements et des fonds d'avance, ne sont pas les vrais propriétaires, les véritables créanciers de l'État ; ils ont des prêteurs qui souvent ont les leurs ; en sorte qu'un nombre infini de stipula-

tions particulières sont en quelque façon entées
sur la dette publique et se ramifient dans toutes
les parties de la société. Libérer l'État envers ses
créanciers, sans mettre les créanciers de l'État
à portée de se libérer avec les leurs, serait une
injustice. Cette libération d'ailleurs, quelque
simple qu'elle puisse paraître, même en ne considérant que celle de l'État, serait hérissée de
difficultés, et l'effet en serait continuellement
suspendu par des oppositions juridiques qui
empêcheraient de passer outre, sans attaquer
des droits et des propriétés.

Ces réflexions et ces difficultés ne sont point
applicables, il est vrai, à la portion de la dette
exigible qui est payable au porteur : aussi est-ce
principalement des offices supprimés, des cautionnements, des fonds d'avance, de ce qui est
dû aux fournisseurs, etc., dont j'entends parler
ici, et l'on conviendra que ces objets comprennent une partie très considérable de la dette arriérée ou exigible.

Admettre d'ailleurs indistinctement tous les
titres de créance dans l'acquisition des biens
domaniaux serait une chose absolument impossible ; parce qu'avant d'admettre une créance,
il faut qu'elle soit liquidée et que tout prétexte
de difficulté sur sa valeur soit levé entre le débiteur et le créancier : or il est un grand nombre d'offices de judicature dont les finances sont
susceptibles d'évaluations arbitraires. D'un autre
côté, les offices de finances, les cautionnements,

les fonds d'avance des compagnies, ne peuvent être remboursés qu'après l'apurement des comptes, qu'après qu'on aura rempli une foule de formalités longues, embarrassantes, mais indispensables. C'est donc encore un nouveau motif pour admettre une distinction entre les effets susceptibles d'oppositions, tels que ceux que j'ai énoncés ci-dessus et ceux qui sont payables au porteur, tels que l'emprunt de 125 millions, les bordereaux des emprunts non constitués, les billets de loterie, les annuités, etc. Les premiers ont besoin d'une liquidation, d'un échange du premier titre : se refuser à ce préalable nécessaire, ce serait porter la confusion dans toutes les parties, ce serait exposer le Trésor public à faire des remboursements hasardés.

La première de toutes les opérations à faire est donc de convertir tous les titres de créance non liquides en quittances de finance. Je me sers de cette expression comme de la plus usitée et comme de la plus propre à me faire entendre : car ces titres sont susceptibles de différentes formes, comme de différents noms. Ces quittances de finance ne doivent point être un effet au porteur : elles doivent être susceptibles de toutes oppositions au greffe des hypothèques et autres, comme le sont les offices, les cautionnements ou autres titres de créance qu'elles doivent remplacer, de manière que tous les droits des créanciers en seconde et troisième lignes soient conservés. On pourrait les couper en autant de parties que les propriétaires le jugeraient à propos, jusqu'à concurrence cependant d'une somme déterminée, afin qu'ils pussent s'en aider vis-à-vis de leurs créanciers. Mais j'insiste pour que ces arrangements particuliers soient purement volontaires; car on sent que si on autorisait les créanciers de l'État à donner pour comptant à leurs créanciers les quittances de finance qu'ils auraient reçues du Trésor public, on ne pourrait refuser le même droit à ceux-ci, et de même de proche en proche : alors les quittances de finance deviendraient des effets forcés qui passeraient de main en main dans toutes les classes de la société; ce seraient de véritables assignats sous un autre nom, et l'on retomberait dans tous les inconvénients qu'on veut éviter.

Je prie donc de considérer les quittances de finance comme un genre de promesse substituée à une autre; comme un gage qui doit faire la sûreté du créancier de l'État, comme de tous ceux qui ont des droits à exercer sur lui; enfin si je ne me trompe, cette première opération est indispensable dans tous les plans qu'on peut adopter, même dans celui d'une émission de 2 milliards d'assignats.

Si ces quittances de finance portaient un intérêt trop fort, aucun motif n'engagerait les propriétaires à les employer dans l'acquisition des domaines nationaux. On pourrait leur attacher un intérêt de 4 ou de 3 p. 100 pendant la première année et le rendre décroissant dans les suivantes.

Ces quittances de finance, pourvu toutefois qu'elles fussent purgées de toute opposition, seraient reçues comme deniers comptants pour la somme qu'elles énonceraient, dans l'acquisition des biens nationaux; il en serait de même de tous les titres de créances exigibles ou arriérées, payables au porteur, qui auraient été désignées par les décrets de l'Assemblée nationale.

Ces dispositions, qui sont puisées dans la motion de M. l'évêque d'Autun, amèneront nécessairement le retrait d'un assez grand nombre de titres de créances, qui viendront s'échanger librement et volontairement contre des biens domaniaux. Exiger que ces titres fussent préalablement remboursés en assignats serait une double opération parfaitement inutile, ce serait s'exposer sans objet à tous les inconvénients qu'entraîne l'émission d'une surabondance de numéraire.

Je demande ensuite que tous les titres de créance, quittances de finance et autres, qui n'auraient pas été retirés et éteints pendant la première année par l'acquisition des domaines nationaux, soient remboursés en quatre payements égaux pendant l'espace de quatre années, à raison de 2 ou 300 millions par an. Ces remboursements s'opéreraient sur le produit de la vente des biens domaniaux, et voici comment les fonds en seraient faits :

L'Assemblée nationale a déjà décrété une émission de 400 millions d'assignats, il s'en faut peu qu'ils ne soient déjà tous en circulation. Les besoins de la fin de cette année et des premiers mois de la prochaine, le retard de la rentrée de l'impôt, la dépense nécessaire pour les armements, exigeront encore une nouvelle émission de 350 millions d'assignats; enfin on ne peut se dispenser d'accélérer le payement des rentes et des arrérages arriérés, de donner de forts acomptes aux fournisseurs et d'entrer en payement sur plusieurs parties de la dette exigible. Si on additionne tous ces objets, on verra que, même en ne donnant à chacun d'eux qu'une évaluation modérée, il ne sera pas possible de les remplir tous sans une nouvelle création de 500 millions d'assignats, qui seront mis successivement en circulation pendant la fin de cette année et le cours de la prochaine. Il se trouvera donc tout naturellement, et sans qu'il soit possible de l'éviter à la fin de 1791, pour 900 millions d'assignats dans le public. Or, cette somme étant déjà beaucoup plus considérable que la circulation ne peut le comporter, on ne peut douter que les porteurs n'aient un grand empressement de les échanger contre des domaines nationaux. Ainsi, indépendamment des quittances de finance et autres titres qui seront retirés directement par la vente, la caisse de l'extraordinaire recevra encore, pendant le cours de 1791, une somme plus ou moins considérable d'assignats qui servira aux remboursements indiqués pour le cours de l'année suivante.

Peu importe, comme l'on voit, que la caisse de l'extraordinaire reçoive pendant la première année une proportion plus ou moins forte d'assignats et de quittances de finance : car plus elle aurait reçu de quittances de finance, moins elle aurait de remboursements à faire pendant les années suivantes : ce serait réellement un remboursement anticipé qu'elle aurait fait.

Ainsi, dans ce plan, trois grandes opérations marcheraient à la fois pendant le cours de l'année 1791 :

1° L'émission successive des assignats à mesure des besoins publics, jusqu'à la concurrence de 500 millions; lesquels 500 millions, ajoutés aux 400 autres millions déjà décrétés et mis en circulation, formeraient un total de 900 millions.

2° La conversion de la dette exigible et arriérée non liquidée en quittances de finance, remboursables en assignats pendant les années 1792, 1793, 1794 et 1795. On a déjà énoncé plus haut les motifs qui portent à croire qu'elle n'excède pas 1,200 millions : les remboursements par quart et par année ne pourraient donc pas s'élever au-dessus de 300 millions, et il y aurait à déduire sur cette somme tout ce qui aurait été reçu en payement pendant la première année ;

3° La vente des biens domaniaux, qui s'opérerait pendant toute l'année 1791, et dont le produit formerait le fond du remboursement de 1792.

Ce plan, à le bien prendre, n'est autre chose que celui présenté par le comité des finances, dans son rapport du 27 août, et qui a été appuyé par M. de Mirabeau. J'y propose seulement trois amendements. Le premier consiste à faire en quatre ans ce qu'on semble proposer de ne faire qu'en une seule année, et je regarde comme impossible, dans quelque supposition que ce soit, de réaliser en moins de quatre ou cinq ans une opération aussi difficile et aussi compliquée.

Le second amendement consiste à réduire à l'indispensable le remboursement de la dette exigible et arriérée. L'incertitude où l'on est encore sur la véritable valeur des domaines nationaux, la probabilité que le capital de ces domaines ne s'élève pas à une somme à beaucoup près aussi considérable qu'on le croit communément, en fait une loi, et je ne vois pas ce qu'on gagnerait à faire parade de principes d'une équité trop rigoureuse, dont on ne pourrait faire l'application dans ce moment, sans commettre des injustices d'un genre plus grave envers d'autres membres de la société.

Il est à présumer que 500 millions d'assignats, ajoutés à la circulation actuelle, changeront peu la proportion des prix, surtout si l'on considère qu'il sera mis en même temps dans le commerce et dans la circulation une somme beaucoup plus considérable de richesses, par la vente de 1,800 millions de domaines nationaux,

Les assignats, portés à 900 millions, éprouveront bien quelque discrédit, quelque perte, surtout pendant les années 1791 et 1792; mais ce discrédit, qui serait le plus fâcheux de tous les fléaux s'il était porté trop loin, deviendra un véhicule très propre à faciliter la vente des domaines nationaux.

Il ne faut pas se dissimuler qu'il est possible qu'à la fin de 1795 il reste encore pour une somme considérable d'assignats à rembourser; mais peu importe, pourvu qu'il reste toujours, pour y faire face, une somme au moins équivalente de domaines nationaux. Mais ce que je crois beaucoup plus probable, c'est que l'empressement qu'auront les porteurs d'assignats de les réaliser contre des domaines nationaux accélérera au contraire le terme des opérations, et mettra la caisse de l'extraordinaire en état d'augmenter chaque année la somme destinée au remboursement. On augmenterait beaucoup l'empressement ou plutôt la nécessité d'acheter, si l'on se déterminait à n'attacher aucun intérêt aux assignats.

La marche progressive que je propose est parfaitement conforme aux principes de justice et de liberté qui dirigent l'Assemblée nationale,

puisque chacun sera libre, suivant ses convenances, ou de placer son titre de créance en
acquisition de domaines nationaux, ou d'en
toucher le montant à l'époque indiquée pour
son remboursement. Elle ne portera atteinte ni
à l'industrie, ni au commerce national, ni à nos
relations avec l'étranger. L'harmonie sociale, ni
l'ordre des prix ne seront point troublés.
Trois circulations s'établiront à la fois sans se
croiser et sans se nuire : 1° celle des assignats
pour toutes les stipulations habituelles et pour
le payement d'une partie de l'impôt; 2° la
circulation des quittances de finance et autres
titres de créance de la dette exigible, dont l'emploi se bornera à l'acquisition des domaines
nationaux; 3° enfin la circulation en espèces et
en monnaies métalliques pour tous les payements au-dessous de 200 livres. On ne peut
donner trop d'éloges à la sûreté des principes
qui ont dirigé jusqu'ici l'Assemblée nationale
sur ce dernier objet, et au courage avec lequel
elle a repoussé les demandes qui lui ont été
faites d'une émission de billets au-dessous de
200 livres. Il est commode sans doute pour
l'homme riche, qui reçoit ses revenus en papier,
de payer avec la même monnaie le journalier
et le fournisseur : mais l'Assemblée nationale,
dont les sollicitudes ont toujours pour objet le
bonheur du peuple, a soigneusement écarté de
la classe indigente les inconvénients du papier-
monnaie. Quel que soit donc le parti qui sera

pris relativement aux assignats, il est à souhaiter que l'Assemblée ne permette qu'à la dernière extrémité, et dans le cas d'une absence totale de numéraire, l'émission d'assignats au-dessous de la somme de 200 livres; alors, comme les stipulations supérieures à 200 livres ne se font communément que dans une sphère à laquelle le journalier, l'homme du peuple, en un mot, plus des trois quarts des habitants du royaume ne peuvent atteindre, si la trop grande quantité d'assignats en émission causait des désordres, la classe la plus nombreuse des citoyens, celle que nous devons le plus respecter, puisqu'elle est la plus souffrante, n'en serait point atteinte.

Il est inutile de suivre plus loin les détails du plan de liquidation que je propose : c'est celui du comité des finances, c'est celui de M. de Mirabeau, c'est celui de M. l'évêque d'Autun et cependant ce n'est précisément aucun d'eux : il n'est, à proprement parler, qu'un amendement de tous; il marche entre eux, en évitant les précipices ouverts de toutes parts. Enfin, en le réduisant à son énoncé le plus simple, il consiste à dire qu'il ne faut mettre en circulation que le moins d'assignats qu'il sera possible, qu'à mesure qu'on y sera forcé par la nécessité des circonstances, et qu'on ne peut pas les porter sans les plus grands risques au delà de 800 millions ou 1 milliard; que cette émission doit être successive et lente; que le même assignat qui sera rentré par la vente des domaines nationaux peut servir à d'autres remboursements et rentrer de nouveau par de nouvelles ventes : de même qu'un écu, qu'un sac d'argent circule et rentre plusieurs fois dans la même caisse, pendant le cours d'une année, d'un mois, d'une semaine, sans qu'on se soit jamais avisé de proposer de le refondre à chaque fois pour en former de nouveaux écus.

J'ose prédire que si, contre toute apparence, le plan d'une émission immodérée d'assignats était adopté, ce plan, par la lenteur de la marche des affaires, par la longueur du temps qui sera nécessaire pour fabriquer les assignats, pour consommer la liquidation de la dette exigible ou arriérée, pour opérer l'apurement des comptes qui doivent la précéder, pour expédier les quittances de finance, enfin par les délais qu'entraîneront les stipulations particulières et l'hésitation des créanciers de l'État sur le choix des domaines nationaux; que ce plan, dis-je, quel qu'il soit, sera modifié dans son exécution, et que la force des choses et la nécessité impérieuse des circonstances le ramèneront à celui que je propose.

RÉFLEXIONS

SUR L'INSTRUCTION PUBLIQUE

PRÉSENTÉES A LA CONVENTION NATIONALE

(1793.)

L'homme naît avec des sens et des facultés; mais il n'apporte avec lui en naissant aucune idée : son cerveau est une table rase qui n'a reçu aucune impression, mais qui est préparée pour en recevoir.

Ces impressions lui sont communiquées par les sens et portent le nom de *sensations*.

Mais si toutes nos idées ne nous arrivent que par nos sens ; si ce n'est que par l'exercice de nos facultés que nous apprenons à connaître les propriétés des corps qui nous environnent, il en résulte que l'enfant qui naît est obligé de tout apprendre et de faire, à l'aide de ses sens, un véritable cours de connaissances physiques. C'est une chose vraiment digne de la méditation des philosophes, que cette formation des premières idées de l'enfance. Une observation attentive ne permet pas de douter que l'enfant ne procède à la connaissance des propriétés des corps, en passant du connu à l'inconnu, en suivant une méthode successive et très approchante de celle qu'emploient les géomètres : il n'a pas besoin, pour ces expériences, de machines rassemblées à grands frais ; tous les corps qui l'environnent sont les instruments qu'il emploie.

C'est ainsi que, peu de temps après sa naissance, il commence un cours d'optique et de perspective. Tous les objets lui paraissaient d'abord placés sur un même plan ; bientôt il apprend à estimer les grandeurs et les distances, à rectifier par le toucher les erreurs de l'œil, à connaître la figure des corps, d'après la projection des ombres et d'après les effets des clairs et des obscurs.

Il étudie presque en même temps les effets de la pesanteur, ceux du choc des corps : il ne sait pas, comme les physiciens, que tous les corps s'attirent en raison directe de la masse et en raison inverse du carré de la distance ; que leur action, lorsqu'ils sont en mouvement, se mesure par la masse multipliée par la vitesse ; cette précision ne lui est nullement nécessaire. La nature, qui veille à sa conservation, qui rapporte tout à ses besoins, se contente de lui apprendre que la chute d'un corps est d'autant plus à craindre pour lui qu'il tombe de plus haut ; qu'une pierre fait d'autant plus de mal à celui qui en reçoit l'atteinte qu'elle est plus grosse, qu'elle est plus dure et qu'elle a été lancée avec plus de force.

Un peu plus avancé en âge, le développement de ses forces lui permet de faire un cours de mécanique. Le bâton qui tombe entre ses mains devient pour lui la plus simple comme la plus forte de toutes les machines, le levier. La balle, que le mur lui renvoie ou qui rebondit sur la terre, lui donne des notions élémentaires du choc des corps et des lois du mouvement réfléchi. La rigole qu'il pratique le long d'un ruisseau lui fait connaître les principes des lois de l'équilibre des fluides : elle lui apprend cette propriété si remarquable, si fertile en applications, en vertu de laquelle toutes les parties de la surface d'un fluide se rangent toujours dans un plan rigoureusement de niveau.

Telles sont les premières leçons de la nature : elle les donne sous forme de jeux ; ainsi, pour les enfants jouer, c'est étudier, et quiconque n'aurait pas employé à jouer les premières années de son enfance ne deviendrait jamais un homme. Heureuse enfance ! tu n'acquières dans cette première éducation que des idées justes, parce que tu ne les reçois que des choses, et que les hommes n'y mêlent ni leurs préjugés ni leurs erreurs. Le moment approche où l'on viendra t'arracher des mains de ta divine institutrice, où, après avoir fait un cours de vérités physiques, tu commenceras un cours d'erreurs morales. Tel au moins a été jusqu'ici le sort qui t'était réservé, et c'est pour réclamer contre cette violation de tes droits, contre cette infraction des droits de la nature, que nous te prêtons aujourd'hui notre organe.

La nature n'a donné à l'enfant qu'une certaine dose de forces et de facultés : le *maximum* de ses efforts est limité ; mais en ajoutant à ses organes, à ses instruments naturels, les instruments de l'art, il devient capable de produire de nouveaux effets ; c'est là que commence l'éducation de l'homme. Essayons de montrer comment elle peut concourir avec celle de la nature ; comment elle doit en devenir la continuation.

Un enfant ne peut, par la seule force de ses bras, par le seul poids de son corps, enfoncer dans la terre le pieu destiné à former une palissade ; mais les arts lui offrent le maillet, dont la masse, multipliée par la vitesse que lui imprime le bras, produit bientôt l'effet désiré.

Le clou, qu'on ne peut enfoncer dans la planche, ni par la seule force des mains, ni par la seule pression, à moins qu'on n'emploie un corps excessivement pesant, cède au choc du marteau qui le chasse, et voilà encore l'instrument de l'art ajouté au bras et à la main, c'est-à-dire aux instruments de la nature.

Le marteau produit d'autant plus d'effet qu'il est plus pesant, que sa masse est appliquée à l'extrémité d'un levier plus grand, autrement dit, que le manche est plus long : il faut qu'il enfonce le clou sans l'endommager, sans le rompre, sans l'écraser ; de là la nécessité d'employer des marteaux de différentes masses et différemment emmanchés, suivant l'effet qu'on veut produire ; de là les règles relatives à l'emploi du marteau dans les arts, depuis celui de l'horloger jusqu'à la masse du forgeron, jusqu'au mouton du constructeur.

Un couteau divise du pain avec beaucoup de facilité ; mais si les deux plans qui terminent la lame, au lieu de former un angle de 10 à 12 degrés, en formaient un de 30, l'effort de l'homme le plus robuste ne suffirait plus pour le faire pénétrer dans le pain ; de là, toute la théorie de la construction du couteau, tout ce qu'il est nécessaire de connaître pour les usages de la société, des propriétés du coin et du plan incliné.

L'instrument tranchant est-il destiné à diviser des corps plus durs ? Veut-on l'employer à séparer les fibres du bois, dans le sens de leur longueur ? Il faut que le nouvel instrument ait assez de force pour supporter les efforts de la masse qui doit le frapper, et voilà les deux côtés du plan incliné qui s'écartent, la tête de l'instrument qui grossit, le coin qui se forme.

Veut-on couper obliquement ces mêmes fibres du bois ? Le couteau serait trop faible ; il faut lui donner plus de force, plus de masse, et voilà la serpe, dont l'effet se trouve encore augmenté par la vitesse qu'on lui imprime. Cet instrument n'est pas encore assez fort pour les ouvrages de charpente, il n'a point assez de coup ; on y substitue la hache, qui est plus pesante,

et dont on augmente encore l'effet par la disposition du manche.

Veut-on couper les fibres du bois par un plan
qui leur soit perpendiculaire : ni la serpe, ni la
hache ne sont propres à produire cet effet; on
y substitue la scie.

Tels sont les principes élémentaires de l'art de
travailler le bois : il n'est presque point d'état
dans la société, où l'on ne soit dans le cas d'en
faire des applications; ils sont surtout nécessaires à ceux qui s'occupent des travaux champêtres.

Les notions élémentaires de l'art de travailler
les métaux ne sont pas beaucoup plus difficiles
à rassembler dans des traités courts et élémentaires; elles sont à la portée des enfants, et il
est facile, sous forme d'amusements, de les
armer de tous les instruments du forgeron et du
serrurier.

Le développement des principes qui servent
de base à l'agriculture ne présente pas des idées
beaucoup plus complexes : le but de cet art est
d'obtenir, aux moindres frais, la plus grande
masse de productions qu'il est possible. Dans
quelques plantes, comme dans les pommes de
terre, c'est la racine qui fait l'objet de la culture;
dans d'autres comme dans un grand nombre de
légumes et dans une partie des fourrages, c'est
la plante tout entière; dans le blé, dans le
seigle, c'est la graine contenue dans l'épi; dans
le safran, c'est le pistil des fleurs, etc. Ces pre-

mières observations conduisent naturellement à la distinction des différentes parties qui constituent les végétaux; à l'examen des racines, des tiges, des feuilles, des fleurs, des fruits, à de courtes explications sur l'usage de ces différentes parties : ces objets sont continuellement sous les yeux des enfants dans les campagnes; il ne s'agit que de fixer quelques instants leur attention sur ce qu'ils voient tous les jours.

Les différentes plantes que produit la nature ne se rencontrent pas indistinctement partout : les unes croissent dans les vallées, dans les prés, dans les lieux humides; les autres, sur les côteaux, les montagnes, dans les lieux arides. De là toutes les observations relatives à l'exposition, à la qualité des terres; de là les moyens de les corriger par les mélanges, et d'y ajouter artificiellement le principe de production qui leur manque; de là toute la théorie des engrais. Telles sont les bases principales d'un cours d'agriculture : où cet art bienfaiteur de l'humanité serait-il enseigné, si ce n'est dans les campagnes et à ceux qui doivent vouer leur existence à la culture des terres?

Il n'est peut-être pas beaucoup plus difficile d'amener les enfants à des conceptions d'un ordre plus élevé, même aux connaissances de géométrie pratique. L'idée de longueur, de largeur, de profondeur leur devient familière presque dès les premiers instants de leur existence; il ne s'agit que de diriger leur attention et de les obliger à réfléchir sur ce qu'il savent déjà.

Toute la théorie de l'arpentage dérive des notions les plus simples sur la nature des surfaces : la science du toisé dérive de la définition du solide. Il n'y a pas de journalier et de terrassier qui ne se fasse des méthodes pour cuber un fossé ou une fouille quelconque, pour évaluer un ouvrage ; pourquoi le même individu n'apprendrait-il pas, par principe, ce qu'il apprend facilement par routine ?

La physique expérimentale fournit à tous les arts, et à tous les hommes, dans quelques circonstances qu'ils se trouvent, des instruments qui leur sont nécessaires ; cette branche des sciences doit donc entrer dans le plan d'une éducation primaire.

Tous les corps augmentent dans toutes les dimensions quand on les échauffe ; ils diminuent dans la même proportion quand ils se refroidissent : rendons cet effet sensible, d'une manière quelconque, et voilà un thermomètre.

Nous vivons dans un fluide élastique et rare, qui est l'air, à peu près comme les poissons vivent dans un fluide plus dense, qui est l'eau. C'est une propriété des fluides contenus dans des tubes qui communiquent ensemble par leur partie inférieure de se tenir en équilibre à une hauteur qui est exactement en raison inverse de leur pesanteur spécifique. Trente-deux pieds d'eau font équilibre avec une colonne d'air égale à la hauteur de l'atmosphère; de là, la théorie des pompes. Vingt-huit pouces de mercure font équilibre avec cette même colonne : de là, le baromètre et tous les phénomènes qui accompagnent ses variations.

La botanique et l'histoire naturelle sont encore des études qui conviennent à l'enfance. Il n'est point d'enfant qui n'amasse des fleurs, des insectes, des coquilles : toucher, examiner, disséquer tout, est un besoin de l'enfance; gardons-nous de le contrarier, puisque nous pouvons le diriger d'une manière utile.

La lecture et l'écriture sont encore un instrument des arts, et il faut que l'homme de tous les états sache s'en servir. C'est cet instrument qui établit une relation entre les hommes de tous les âges et de tous les pays, qui maintient l'équilibre entre toutes les connaissances répandues sur la surface du globe. C'est un préservatif contre la superstition, contre l'abus du pouvoir; c'est le premier garant de la liberté. Il est, d'ailleurs, différents genres de connaissances qu'il est extrêmement difficile d'enseigner aux enfants, tant qu'ils ne savent pas écrire; telle sont les règles du calcul, qui forment une des parties les plus essentielles de l'éducation primaire.

Mais en mettant cet instrument dans la main de l'homme, craignons de lui faire un présent funeste : craignons d'introduire dans son esprit l'idée du mot tracé sur le papier, au lieu de l'idée de la chose que ce mot doit rappeler. Que partout, dans les livres qui seront mis entre les mains de l'enfant, l'idée principale qu'on se propose de graver dans son esprit soit rendue sensible par des gravures et par des images : que la langue écrite soit pour lui, autant qu'il est possible, la langue des hiéroglyphes, de manière que l'idée ne soit jamais séparée du mot.

En dirigeant ainsi vers des objets sensibles toutes les parties de l'éducation primaire, en s'attachant à suivre la méthode de la nature, non seulement on formera des hommes, mais on opérera une perfectibilité graduelle dans les qualités intellectuelles de l'espèce humaine : dans vingt ans, les mêmes ouvrages, qu'on croira aujourd'hui au-dessus de la portée des enfants, paraîtront beaucoup trop simples, parce qu'ils ne contiendront plus que des connaissances familières à tous. Il faudra donc les renouveler, et ainsi de génération en génération, en sorte que la collection des ouvrages classiques, rédigés à différentes époques, sera la mesure des progrès de l'esprit humain, considéré en masses.

Nous venons de parcourir les deux premières périodes de la vie humaine : nous avons examiné quelle est la première éducation que la nature donne aux enfants; ce que les hommes réunis en société peuvent y ajouter. Ce premier degré d'instruction sociale, devant être commun à tous les hommes, doit être mis à la portée de tous ; c'est un devoir que la société acquitte envers l'enfance, il doit donc être gratuit.

Par une suite du même principe, les écoles primaires doivent être tellement espacées que les enfants puissent s'y rendre commodément ; elles doivent donc être presque aussi multipliées que les municipalités.

Mais ici les difficultés commencent : la route que les enfants de la nation suivaient d'abord en commun commence à se ramifier ; arrivés à un certain terme, ils ne peuvent plus marcher tous ensemble. Deux grandes divisions se forment : les uns se destinent aux fonctions publiques, et s'adonnent à l'étude des langues et des objets de sciences et de littérature ; les autres se destinent aux arts mécaniques. L'éducation secondaire se divise donc naturellement en deux parties, chacune dirigée vers un objet particulier. La première a quelque rapport avec l'éducation des universités et des collèges ; il n'existe aucun exemple de la seconde, parce qu'il n'a encore existé aucune nation chez laquelle on se soit véritablement occupé des intérêts de la classe la plus industrieuse du peuple. C'est sur cette dernière branche de l'éducation secondaire que le Bureau de consultation se permettra encore quelques réflexions ; il suppose que ce sera dans les chef-lieux de district que les écoles destinées à ce genre d'instruction seront établies.

De même qu'il existe des connaissances qui doivent être communes à tous les hommes, à quelque profession qu'ils se destinent, de même il en existe qui doivent être communes à tous les artistes. Le dessin nous paraît devoir être rangé dans cette classe; le dessin est un langage sensible qui parle aux yeux, qui donne de l'existence aux pensées, et, sous ce point de vue, il exprime plus que la parole: c'est un moyen de communication entre celui qui conçoit ou qui ordonne et celui qui exécute; enfin, considéré comme langue, c'est un instrument propre à perfectionner les idées : le dessin est donc la première étude de ceux qui se destinent aux arts.

Les arts se divisent ensuite en deux grandes classes : les arts mécaniques et les arts chimiques, et de cette division naît la nécessité d'établir deux cours d'instruction publique, différents quant à leur but, et qui doivent être dirigés par deux professeurs. Essayons de marquer encore la ligne qui sépare ces deux parties de l'instruction publique.

Les arts mécaniques sont ceux qui exigent un emploi de force vive et qui ne peuvent être exercés qu'à l'aide d'instruments mécaniques : ainsi, par exemple, on ne peut travailler le bois, les métaux, la pierre, qu'en faisant une dépense de forces, et en se servant d'outils appropriés à l'effet qu'on veut produire. Ces outils sont, ou simples, ou composés; dans ce dernier cas, ils prennent le nom de *machines :* ainsi une machine n'est que la collection d'un certain nombre d'outils ou d'instruments, réunis pour produire un effet. Toute machine est donc susceptible d'être décomposée, d'être réduite à des éléments simples.

On décompose une machine : ou pour en calculer la force, c'est l'objet de la mécanique théorique ; ou pour examiner la direction de l'agence et le moyen dont la force est appliquée, c'est l'objet de la mécanique pratique, science qui n'existe point encore, ou du moins sur laquelle il n'a point été rédigé de traité méthodique et élémentaire.

Le professeur qui sera chargé de cette partie de l'instruction publique devra donner d'abord des notions générales, communes à tous les arts mécaniques ; il particularisera ensuite ses leçons de manière que chacun puisse s'arrêter au degré d'instruction nécessaire pour l'art qu'il veut embrasser, et que les élèves ne soient pas forcés de consommer un temps précieux à acquérir des connaissances qui leur seraient inutiles.

Les cours devront donc commencer par l'exposition des principes élémentaires de la géométrie graphique. Le professeur s'attachera à résoudre tous les problèmes relatifs à cette science, par la règle et par le compas ; il donnera des idées précises de la manière dont se forment les surfaces et les solides, dont ils se mesurent ; il apprendra à rapporter à un plan toutes les parties d'un objet, à en faire la projection : de là les règles de la perspective, de la taille des pierres, de l'art de la charpente, de ce qu'on appelle *le trait*.

Les arts purement chimiques diffèrent des arts mécaniques en ce qu'ils n'emploient ni force vive, ni instruments mécaniques. Ainsi, lorsqu'on brûle du soufre pour le convertir en acide sulfurique ou huile de vitriol, la combustion est un agent, mais non pas un instrument; l'ouvrier ne fait aucune dépense de force. De même, lorsqu'on veut fabriquer du bleu de Prusse, on calcine du sang de bœuf avec de la potasse, et on se sert de cette combinaison pour précipiter le fer du sulfate : ce résultat s'obtient par la seule action des agents naturels, et sans que l'artiste y concoure par aucun emploi de force vive.

Le cours relatif aux arts chimiques devra commencer par une exposition des corps naturels qui sont en usage dans les arts, par une description de leurs qualités extérieures, par quelques explications sur leur origine. Passant ensuite à l'emploi de ces substances simples, le professeur fera voir que les opérations chimiques relatives aux arts peuvent se classer, se décomposer comme les machines; que ces opérations se rapportent toutes à des combustions, à des décombustions, à des dissolutions, à des cristallisations, à des précipitations, à des fermentations. Il aura, comme dans le cours des

7

arts mécaniques, l'attention de commencer par les généralités qui sont communes à un grand nombre d'arts, et de réserver pour la fin de son cours les instructions relatives aux arts qui exigent des développements particuliers.

Enfin il est un assez grand nombre d'arts qu'on peut considérer comme mixtes, et qui emploient à la fois des instruments mécaniques et des agents chimiques ; les professeurs s'entendront entre eux pour l'enseignement de ces arts, et peut-être seront-ils quelquefois obligés de les diviser.

Ainsi, dans ce plan, il existera dans les chefs-lieux de district trois cours principaux d'instruction publique, relatifs aux arts, sans compter celui d'art social, d'économie politique et de commerce, qui exigera un professeur particulier : ce dernier sera en même temps chargé d'enseigner à ses élèves les principes de la grammaire générale, particulièrement ceux de la grammaire française ; de leur proposer des questions à résoudre sur différents points de l'art social, des sujets à traiter, et de les accoutumer à exprimer leurs idées par écrit, avec clarté et précision.

Cette éducation élémentaire des arts embrassera également l'éducation qui doit être donnée aux filles : car, puisqu'il est plusieurs arts qu'elles sont exclusivement destinées à exercer, il faut bien que les principes leur en soient enseignés : on leur apprendra tout ce qui con-

cerne le travail de l'aiguille, la filature, le tri-
cot; on les instruira de ce qui est relatif à la
préparation des aliments, à la conduite d'un
ménage, au soin des malades, à l'éducation physique des enfants; on leur développera les principes de la morale; on leur donnera quelques
notions d'histoire et de géographie locale ; enfin
on leur donnera des principes sur ce qui constitue le beau dans les arts de goût et d'agré-
ment.

Ces mêmes cours se retrouveront dans les
chefs-lieux de département, qui sont aussi
chefs-lieux de district; mais ils ne suffisent pas
encore pour compléter l'instruction publique ;
il est des arts qui se trouvent liés à toutes les
connaissances humaines, et dans lesquels on
ne peut exceller sans une étude plus qu'élémentaire de presque toutes les sciences; tel est
l'art nautique, la navigation et la construction
des vaisseaux, qui supposent presque toutes
les connaissances géométriques, astronomiques,
géographiques et physiques ; telle est la science
de l'ingénieur; tel est l'art de guérir, la méde-
cine humaine et vétérinaire, la chirurgie, la
pharmacie, qui supposent des connaissances
approfondies de presque toutes les sciences
physiques : ces professions sont nécessaires
dans un grand État, puisque c'est d'elles que
dépendent la conservation des individus, leur
défense contre les invasions ennemies, la sûreté
des mers, et de proche en proche la prospérité

de tous les établissements de commerce et d'industrie : il faut donc que toutes les connaissances élémentaires qu'exigent ces professions fassent partie d'un plan général d'instruction publique, et c'est le but qu'on s'est proposé dans l'établissement des instituts et des lycées.

Dans le tableau qu'on a présenté des diverses connaissances qui y seront enseignées, on s'est moins attaché à suivre une division méthodique des sciences et des arts qu'à rapprocher les unes des autres les différentes parties de l'enseignement qui sont susceptibles d'être réunies : on s'est contenté d'indiquer le nombre des cours, sans prétendre fixer celui des professeurs, parce qu'il est difficile de déterminer quel sera le nombre de ceux dont chaque professeur pourra se charger.

L'éducation publique dans les écoles élémentaires des arts sera dirigée par un directoire, composé des instituteurs et des institutrices; celle dans les instituts et dans les lycées, par le conseil général des professeurs et par un directoire choisi parmi eux. C'est à la Convention qu'il appartiendra de fixer les fonctions qui seront confiées à ces administrations, et d'indiquer l'autorité à laquelle elles seront soumises.

Dans toutes les réflexions qui précèdent, on n'a considéré que l'éducation des individus; un objet non moins grand doit nous occuper encore, c'est l'instruction de la nation elle-même, prise collectivement, celle de l'humanité tout entière.

Il ne s'agit plus, dans cette seconde manière d'envisager l'instruction publique, de répartir avec justice et avec égalité, entre tous les individus de la nation, le trésor des connaissances acquises ; il s'agit d'en augmenter la masse au profit de la société ; il s'agit de former de grands établissements qui, par leur essence, par le mécanisme même de leur organisation, soient continuellement occupés de reculer les bornes de nos connaissances, d'assurer à l'industrie de nouveaux moyens de prospérité, et à la nation une prépondérance croissante et durable dans toutes ses relations commerciales avec les nations voisines.

Il ne faut pas croire que la prospérité des États dépende seulement de leur population, de l'abondance de leurs productions, de la richesse et de l'étendue de leur territoire : la puissance nationale se compose sans doute de ces différents éléments, mais ce sont des matériaux qui n'ont de valeur qu'autant que l'industrie les met en œuvre. Or, qu'est-ce que l'industrie ? Elle ne consiste pas seulement, comme on le croit communément, dans le travail des bras, dans l'emploi matériel des forces. Aujourd'hui que l'Angleterre est couverte de machines ; aujourd'hui que la cherté de la main-d'œuvre oblige de substituer aux bras des hommes des inventions mécaniques qui y suppléent et qui les économisent, le mot *industrie* n'exprime pas toujours un emploi de forces, ni même d'adresse, il exprime le plus souvent un emploi des facultés de l'esprit.

Ainsi, lorsque l'on dit que l'industrie est portée plus loin en Angleterre qu'en France, on n'entend pas dire que les hommes y soient plus forts, plus adroits, plus actifs, plus intelligents; on veut dire qu'ils entendent mieux l'art d'économiser les forces, de diminuer le prix de la main-d'œuvre par la division du travail, de substituer les machines aux bras des hommes; qu'ils connaissent mieux l'art de conduire une grande entreprise.

Ces réflexions sur la manière de considérer l'industrie ne s'appliquent pas seulement aux fabriques et aux grandes spéculations de commerce, elles s'appliquent surtout à l'agriculture, ce premier des arts, celui qui nourrit l'homme. Le cultivateur qui prospère le plus n'est pas toujours celui qui est physiquement le plus fort et le plus adroit : c'est celui qui est le plus intelligent. Un homme industrieux tirera d'un même champ une production double, quelquefois triple de ce qu'un autre homme en aurait tiré; il n'emploiera pas pour cela un plus grand nombre d'hommes et de chevaux, il ne fera pas une plus grande dépense de forces, mais, par une succession de culture bien entendue, il tirera chaque année plusieurs récoltes de la même terre, dont un cultivateur ordinaire aurait en peine à tirer une seule.

Les avantages que peut procurer à l'agriculture une industrie éclairée sont pour ainsi dire incalculables : car son produit surpasse celui de tous les autres objets d'industrie réunis ensemble; ou plutôt l'agriculture seule est productive, puisque les autres arts ne font que modifier les formes, sans rien ajouter à la masse des valeurs existantes. En admettant, comme le soutient Arthur Young, dans le traité qu'il a publié sur l'agriculture française, que le produit territorial de la France soit susceptible d'être triplé par un meilleur système de culture, quel vaste champ ouvert à l'industrie! Que d'augmentatiou de jouissances pour les individus! Que de millions ajoutés au revenu territorial! Que de moyens d'échange avec les États voisins! Quelle augmentation de force et de puissance !

Si donc il existe un art d'économiser les forces, de simplifier les procédés des arts, d'imaginer de nouvelles machines, de perfectionner celles qui existent, de fournir à l'industrie de nouveaux moyens, cet art doit faire partie, comme tous les autres, de l'instruction publique : le favoriser, l'encourager, est un devoir imposé à l'administration ; or, cet art existe, et ce sont toutes ses parties qui constituent ce qu'on nomme « les arts et les sciences ».

Ainsi, les savants et les artistes, pris dans ce sens, ne sont pas seulement ceux qui sont parvenus, dans chaque partie, au dernier degré de l'échelle des connaissances ; ce sont ceux qui, arrivés à ce *maximum*, s'occupent de recherches pour ajouter aux connaissances acquises.

Les hommes qui se livrent à ce grand art, à celui de faire des découvertes, doivent être indépendants et libres ; et leur subsistance, par cette raison, doit leur être assurée aux frais de la société : car celui qui est obligé de travailler pour vivre est dans la dépendance, au moins, des circonstances, et il faut que les savants et les artistes en soient même affranchis autant qu'il est possible. Il est juste d'ailleurs que celui qui consacre son temps, son existence et ses veilles à l'utilité de tous, reçoive de tous le prix de son travail.

On ne doit pas exiger de cette classe d'hommes qu'ils professent et qu'ils enseignent, mais qu'ils inventent et qu'ils publient : car les découvertes sont rares ; elles sont le fruit d'un long travail, de pénibles méditations ; elles ne se commandent pas, et ne sont pas susceptibles d'être assujetties aux heures périodiques d'un cours public.

L'objet ne serait point encore rempli, si les savants et les artistes, chargés de l'avancement des connaissances humaines, demeuraient toujours isolés, ou s'ils ne vivaient qu'avec des hommes livrés à un même genre d'études, d'industrie et de connaissances : car toutes les parties des sciences et des arts se tiennent ; et il est impossible de faire faire à l'une d'elles de grands progrès, si toutes les autres sont en retard : c'est une armée qui doit marcher sur un même front. La plupart, d'ailleurs, des travaux qui restent à faire dans les sciences et dans les arts sont précisément ceux qui exigent la réunion et le concours de plusieurs savants. Le géomètre peut bien travailler seul à perfectionner la science du calcul; mais quel en serait l'objet, si l'astronome et le physicien ne lui fournissaient continuellement des observations et des expériences auxquelles il pût en faire l'application? Que serait la physique expérimentale et la chimie elle-même, si la géométrie n'y avait introduit sa méthode, sa sévérité dans la manière de raisonner ses calculs? On a déjà observé qu'un grand nombre d'arts, et ce ne sont pas les moins importants pour la société, avaient besoin du concours de presque toutes les sciences; on a cité l'art de la navigation et l'art de guérir : on aurait pu en citer beaucoup d'autres. C'est pour cela qu'il est nécessaire que les savants et les artistes se réunissent en assemblées communes, à des époques déterminées, et que cette réunion embrasse même les connaissances qui paraissent avoir entre elles le moins de rapport et de connexité.

Citoyens représentants, le sort de la République française est dans vos mains; il ne tient qu'à vous d'élever la France au plus haut degré de splendeur et de prospérité qu'ait encore atteint aucune des nations dont la mémoire nous a été conservée. Organisez l'instruction publique dans toutes ses parties ; donnez du mouvement aux arts, aux sciences, à l'industrie, au commerce. Voyez avec quelle ardeur toutes les nations, nos rivales, s'occupent des moyens de suppléer, par l'industrie, à ce qui leur manque du côté de la force, de la population, de la richesse territoriale ! Une nation qui ne participerait pas à ce mouvement général, une nation chez laquelle les sciences et les arts languiraient dans un état de stagnation, serait bientôt devancée par les nations ses rivales : elle perdrait peu à peu tous ses moyens de concurrence ; son commerce, sa force, ses richesses, passeraient dans des mains étrangères, et elle deviendrait enfin la proie de quiconque formerait le projet de l'envahir. Qu'un grand empire, la Chine, nous serve de leçon ; les arts y sont aujourd'hui ce qu'ils étaient il y a deux mille ans, parce que la forme de gouvernement a enchaîné le génie des sciences, parce qu'elle a posé des bornes que l'industrie ne saurait franchir.

Législateurs, l'instruction a fait la Révolution ; que l'instruction soit encore parmi vous le palladium de la liberté. Maintenant que vous avez achevé votre ouvrage, il ne vous reste plus pour l'animer qu'à faire usage du flambeau que vous avez dans les mains.

RÉSULTATS

EXTRAITS D'UN OUVRAGE INTITULÉ

DE LA RICHESSE TERRITORIALE

DU ROYAUME DE FRANCE

(1791.)

Lavoisier avait commencé en 1784 un grand ouvrage d'économie politique sur la richesse territoriale de la France. En 1791, il présenta au comité de l'imposition un extrait de ce travail, extrait qui fut imprimé par ordre de l'Assemblée nationale.

C'est cette brochure que nous réimprimons : la seconde partie est pour ainsi dire une table du grand ouvrage que Lavoisier se proposait de rédiger, et dans laquelle il donne les résultats numériques de ses recherches sans discussion ni commentaires.

Outre le manuscrit complet de la brochure, les papiers de Lavoisier renferment des fragments inédits de son grand ouvrage. En dehors de notes incomplètes qui ne peuvent être utilisées, il s'y trouve des parties qui présentent un degré de rédaction assez avancé pour que nous croyions devoir les publier : tels sont les documents relatifs aux conditions d'exploitation d'une ferme, aux frais de culture, aux salaires des serviteurs, etc. Plusieurs de ces fragments font connaître la façon dont Lavoisier a établi les chiffres publiés dans sa brochure.

(Nota de l'éditeur du 6ᵉ volume des Œuvres de Lavoisier.)

AVERTISSEMENT.

L'ouvrage dont j'ai communiqué les principaux résultats au comité de l'imposition, et dont l'Assemblée nationale a décrété l'impression, a été commencé dès 1784. M. du Pont (1), aujourd'hui membre de l'Assemblée nationale, en avait jeté les premières bases dans un mémoire rédigé pour le comité d'administration de l'agriculture, qui se tenait alors sous la présidence de M. de Vergennes.

J'ai cherché depuis à donner plus d'étendue à ce travail, à rassembler plus de faits positifs, à multiplier les moyens de vérification, à me former des méthodes pour calculer les consommations et les productions, comme on s'en est fait pour calculer la population.

Vingt fois j'ai repris et interrompu ce travail; et quoique je sentisse l'importance de son objet, quoique je désirasse d'en publier les résultats assez tôt pour que le comité de l'imposition pût s'en aider dans la fixation des bases de l'impôt, continuellement détourné par des occupations d'un autre genre, et dont plusieurs même n'étaient pas étrangères à l'Assemblée nationale, il m'a été absolument impossible d'y mettre la dernière main.

C'est le sort de presque tous les ouvrages de

(1) Du Pont de Nemours.

longue haleine; rarement ils sont achevés. Il reste même aux personnes les plus habituées au travail si peu d'instants qui ne soient pas affectés à des devoirs d'une nécessité impérieuse, que le temps se consume à former des projets d'ouvrages, sans qu'il soit permis de les exécuter.

Cependant, puisque le comité de l'imposition, puisque l'Assemblée nationale a jugé que ces essais, tout imparfaits, tout incohérents qu'ils sont encore, pouvaient être de quelque utilité, je dois le sacrifice de mon amour-propre, et je ne sais plus qu'obéir.

Qu'il me soit permis d'observer ici que le genre de combinaisons et de calculs dont j'ai cherché à donner ici quelques exemples est la base de toute l'économie politique. Cette science, comme presque toutes les autres, a commencé par des discussions et des raisonnements métaphysiques : la théorie en est avancée, mais la science pratique est dans l'enfance, et l'homme d'État manque à tout instant de faits sur lesquels il puisse reposer ses spéculations.

Puissent les représentants de la nation française, puissent ces hommes de génie, dont les travaux feront l'étonnement des races futures, comme ils font dès aujourd'hui l'admiration de toutes les nations, sentir combien leur marche aurait été plus assurée, combien ils auraient évité de difficultés, peut-être d'erreurs, si les philosophes qui les ont précédés avaient préparé d'avance les matériaux de l'édifice qu'ils se proposaient d'élever, si leurs travaux eussent été établis sur des faits au lieu de l'être sur des raisonnements !

Il ne tiendra qu'à eux de fonder pour l'avenir un établissement public où viendront se confondre les résultats de la balance de l'agriculture, du commerce et de la population ; où la situation du royaume, sa richesse en hommes, en productions, en industrie, en capitaux accumulés, viendront se peindre comme dans un tableau raccourci.

Pour former ce grand établissement qui n'existe dans aucune nation, qui ne peut exister qu'en France, l'Assemblée nationale n'a qu'à le désirer et le vouloir. L'organisation actuelle du royaume semble avoir été disposée d'avance pour se prêter à toutes ces recherches. L'administration générale peut, par l'intermédiaire des directoires de départements et de districts, atteindre avec facilité jusqu'aux dernières ramifications de l'arbre politique, jusqu'aux municipalités : avec une correspondance patriotique de cette espèce, il n'est point de renseignements qu'on ne puisse obtenir, point de travaux qu'on ne puisse entreprendre.

DISCOURS PRÉLIMINAIRE.

Le produit ou le revenu territorial d'un grand empire peut être envisagé sous différents rapports; et de ces différents rapports naissent une foule de considérations importantes.

Le produit territorial, considéré dans son ensemble, est la somme de toutes les productions du sol, de tout ce qui croît sur le sol et aux dépens du sol, soit pour l'usage des hommes, soit pour l'usage des animaux.

Ainsi non seulement les pâturages et les fourrages qui croissent dans les prairies sont un produit territorial, mais la génisse et le poulain qui s'y élèvent, mais l'augmention de valeur du bœuf qui s'y engraisse, les accrus des bestiaux, le lait, le beurre, les fromages qui proviennent des vaches qui s'y nourrissent, sont véritablement un produit du territoire.

Mais c'est dans l'évaluation de ce produit en argent, dans son estimation en valeur numéraire, qu'il est aisé de se tromper. Dans presque tous les essais de ce genre, on a fait une foule de doubles et de triples emplois; on a fait entrer en compte deux et trois fois la même valeur, et on est arrivé à des résultats faux e exagérés.

Je prie le lecteur de me permettre d'insister sur ces premiers principes, qui sont absolument nécessaires pour l'intelligence de tous les résultats contenus dans cet essai, et de me pardonner des détails qui paraîtront peut-être d'un genre trivial à ceux qui n'en sentiront point l'importance.

Les pailles sont un produit territorial ; cepen-

dant, si, en évaluant les produits d'une ferme,
on faisait entrer en ligne de compte le prix de
la paille et celui du blé, on ferait évidemment
un double emploi ; car les pailles, excepté dans
les environs des grandes villes, ne sont point un
produit qu'on puisse réaliser en argent ; et
comme il est nécessaire de les consommer et de
les convertir en fumier pour parvenir à la production du blé, leur valeur se trouve implicitement confondue dans celle du blé.

Il en est de même des fourrages et de l'avoine
qui se consomment par les chevaux de labour,
et dont la valeur se trouve confondue dans
celle du blé, comme faisant partie des frais de
culture qui l'ont fait naître. On ne pourrait les
porter en recette sans être obligé de les porter
aussitôt en dépense dans le compte de l'agriculture ; ce n'est donc point un revenu réel, et on
ne peut les faire entrer que pour mémoire dans
les richesses annuellement renaissantes de la
nation.

Ces mêmes considérations s'appliquent naturellement au produit des prairies et des herbages : ajouter ce produit à celui des bestiaux
qui s'y élèvent ou qui s'en nourrissent, c'est
évidemment compter deux fois la même chose.

Mais le produit ou le revenu territorial, dépouillé de ces doubles emplois, débarrassé de
cette recette et de cette dépense fictives, n'est
point encore le produit ou le revenu net. Ce
dernier produit n'est qu'un résultat définitif au-

quel on n'arrive qu'après que toutes les dépenses, généralement quelconques, ont été défalquées.

Je me trouve ainsi conduit à distinguer :

1º Le produit territorial en nature, et je l'ai déjà défini ;

2º Le revenu territorial en argent, ou plutôt la portion du produit territorial susceptible d'être convertie en argent ;

3º Le revenu net : c'est ce qui reste du revenu territorial en argent, après que toutes les dépenses et charges en ont été prélevé . Cette portion est celle qui se partage entre le Trésor public et les propriétaires.

Je pourrais distinguer encore ici le produit territorial à l'usage des hommes, le produit territorial à l'usage des animaux ; mais ces distinctions, et quelques autres, exigeraient des développements trop étendus, et je me trouve forcé de les réserver pour l'ouvrage lui-même, dont je n'ai pour objet que de présenter ici un extrait.

Maintenant que j'ai défini les différentes expressions dont je suis obligé de me servir, et que je suis assuré de me faire entendre, je passe aux principes généraux qui doivent servir de guide dans les recherches qu'on peut faire sur le produit et le revenu territorial d'un grand empire.

Je poserai pour premier principe, que tout ce qui se consomme tous les ans se reproduit tous les ans ; car s'il en était autrement, si ce qui se consomme ne se reproduisait pas, la denrée ou l'objet quelconque de consommation seraient bientôt épuisés.

Ce principe cependant n'est rigoureusement vrai qu'à l'égard des denrées ou marchandises dont il ne se fait ni exportation ni importation; et c'est la position où se trouve la France relativement à presque toutes les denrées de nécessité première que produit son sol. Elle exporte peu de blé; et s'il en est sorti quelquefois dans les années abondantes, l'objet a toujours été peu considérable, en comparaison de la production annuelle; et d'ailleurs ces quantités ont presque toujours été compensées par des quantités à peu près égales qu'on a été obligé d'importer dans les années suivantes.

Ce principe exige encore une seconde modification : il n'est pas rigoureusement vrai pour chaque année en particulier, mais bien pour une année moyenne prise sur une suite d'années consécutives.

Il y a donc, au moins pour la majeure partie des productions territoriales du royaume de France, une équation, une égalité entre ce qui se produit et ce qui se consomme : ainsi, pour connaître ce qui se produit, il suffit de connaître ce qui se consomme, et réciproquement.

Un second principe également évident, c'est que la consommation totale qui se fait dans un royaume est égale à la consommation moyenne des individus, multipliée par leur nombre. Et en supposant qu'on distingue les individus en différentes classes, la consommation totale sera égale à la somme des consommations moyennes de chaque classe, multipliée par le nombre d'individus dont chaque classe est composée.

L'application de ces deux principes exigeait que je commençasse par faire des recherches sur la population du royaume, non pas en masse seulement, non pas seulement par province ou par département, mais avec distinction de classes, d'états et de professions. Je me suis aidé, à cet égard, des travaux de M. Moheau et de M. de la Michaudière; et d'après les résultats particuliers qu'ils ont donnés pour différents cantons de la France, je suis parvenu à me former des tableaux suffisamment exacts de la population du royaume, avec distinction d'âge, de sexe, de profession. J'y ai distingué le nombre des gens mariés, celui des hommes veufs, des femmes veuves, etc. On y voit que les ci-devant nobles, en y comprenant les anoblis, ne formaient qu'un trois-centième de la population du royaume, et que leur nombre, hommes, femmes et enfants compris, n'était que de 83,000, dont 18,323 seulement étaient en état de porter les armes. On y voit encore que les autres classes de la société, celles qu'on avait coutume de confondre sous la dénomination de *Tiers État*, peuvent fournir un rassemblement de 5,500,000 hommes en état de porter les armes.

Parvenu à des résultats à peu près satisfaisants relativement à la population, il a fallu faire de semblables recherches sur la consommation des individus de chaque classe de la société. Ici, il a fallu entrer dans le détail de la dépense des ménages des villes et de ceux des campagnes, évaluer la consommation personnelle du riche, la distinguer de celle de la foule de citoyens qui vit à ses dépens, éviter les doubles emplois et donner à chaque nature de dépense sa véritable valeur.

Le résultat de tout ce travail m'a conduit à conclure que la consommation annuelle du froment, du seigle et de l'orge, employés à la nourriture des hommes dans tout le royaume, s'élevait à 11 milliards 667 millions de livres pesant, ci...... 11,667,000,000 liv.

A quoi ajoutant ce qui s'emploie en semences de ces mêmes grains.............. 2,333,000,000

On a pour la consommation du blé, seigle et orge, année commune.................... 14,000,000,000

Ces résultats s'accordent assez bien avec des relevés que M. de la Michaudière m'a anciennement procurés sur la consommation de la ville de Paris en 1786; avec le dépouillement des registres des officiers-mesureurs et porteurs de grains, fait sous le ministère de M. Turgot; enfin, avec les recherches faites dernièrement sur la consommation de la ville de Paris, par le département des subsistances.

C'est déjà beaucoup que de connaître avec quelque exactitude la consommation du blé de tout le royaume. Car, si l'on prend en masse la valeur de toutes les autres consommations, le blé en forme plus de la moitié, et il entre même pour les deux tiers dans la dépense des ménages très pauvres.

Mais de ce qu'il se consomme chaque année, en France, 14 milliards de livres de blé, semences comprises, il en résulte que toutes les terres du royaume produisent, année commune, 14 milliards pesant de blé. Alors je me suis demandé à moi-même combien il fallait de charrues et d'arpents de terre pour produire cette quantité de blé. Des recherches faites sur la production territoriale de différentes provinces, des expériences que j'ai faites moi-même dans une ferme que je fais valoir, et dont je suis les produits depuis quinze ans, m'ont appris qu'en prenant une moyenne, la quantité de blé produite par une charrue conduite par des chevaux était de 27,500 livres pesant environ, et que celle produite par une charrue conduite par des bœufs ne pouvait pas être évaluée à plus de 10,000 livres;

Qu'une charrue bien montée et conduite par

des chevaux pouvait cultiver chaque année 60 arpents, mesure du roi, dont 30 en blé, 30 en mars, 30 en jachères;

Qu'une charrue conduite par des bœufs ne pouvait cultiver annuellement que 30 arpents, dont moitié en blé et moitié en jachères, indépendamment d'une quantité à peu près égale de terre qui reste en vaine pâture pour la nourriture des bœufs; en sorte que, tout compris, une charrue cultivée par des bœufs peut embrasser une étendue de terrain de 60 arpents.

On conçoit comment, d'après ces données, j'ai pu déterminer avec quelque précision le nombre des charrues en activité dans tout le royaume, la quantité d'arpents cultivés en terres labourables, le nombre des chevaux et celui des bœufs attachés à l'agriculture.

Toutes ces évaluations portent, comme l'on voit, sur la production et sur la consommation du blé; et cette base est, en général, assez exacte et assez sûre, car il est difficile de commettre de grandes erreurs sur un objet de consommation aussi habituel, aussi journalier et aussi nécessaire. Mais, quelque exacte que soit la base d'un calcul, dès qu'il s'y mêle quelque chose d'hypothétique, on risque, dans une longue suite de résultats, de s'écarter insensiblement de la vérité. J'ai donc pensé qu'il était nécessaire de chercher à me rectifier moi-même, et j'en ai trouvé le moyen dans la mesure de l'étendue territoriale du royaume.

M. Paucton, le dernier des auteurs modernes qui se soit occupé de cet objet, a reconnu, en divisant la surface du royaume en carrés d'égale grandeur, qu'il contenait 105 millions d'arpents, mesure du roi, ou 141,666,620 mesures de 1,000 toises carrées de superficie.

Il résulterait des calculs fondés sur la consommation du blé que, de ces 105 millions d'arpents, il s'en cultive chaque année :

En blé :

Par les chevaux. 9,600,000 arpents. Par les bœufs... 9,000,000	}	18,600,000 arpents.
Qu'il reste en jachères, dans les pays cultivés en mars, par les chevaux		9,600,000
Par les chevaux. 9,600,000 arpents. Par les bœufs... 9,000,000	}	18,600,000
En vaines pâtures, dans les pays cultivés par des bœufs............		18,000,000
TOTAL............		64,800,000

Que le surplus, montant à 40,200,000 arpents, est en bois, en vignes, en prairies, en landes, en terrains incultes, en chemins, en rivières, etc.

Ce résultat surprendra peut-être; on a peine à se persuader, quand on a traversé les plaines de la Beauce, de la Brie, des ci-devant provinces de Champagne, de Picardie, etc., qu'il n'y ait pas même les deux tiers de la superficie du royaume qui soit cultivée en terres labourables. Je suis moi-même quelquefois tenté de croire que j'ai évalué un peu trop bas le nombre des charrues en activité dans le royaume, que j'ai porté trop haut le produit des terres. Quoi qu'il en soit, la loi qui m'est imposée de publier mes résultats, ne me laisse pas le temps de recommencer dans ce moment mes calculs, et je ne pense pas, d'ailleurs, qu'ils s'écartent beaucoup de la vérité.

On conçoit que du nombre des charrues qui sont en activité dans le royaume, il est possible de conclure avec quelque certitude le nombre des chevaux et des bœufs attachés à l'agriculture, même le nombre des vaches et des moutons, quoique avec un peu plus d'incertitude. Les recherches que j'ai faites à cet égard dans différentes parties du royaume m'ont appris qu'il fallait compter au moins sur 3 chevaux par charrue, dans les pays où l'on cultive avec des chevaux, et sur 4 à 5 bœufs par charrue dans les autres (1); que le nombre des moutons était de 28 à 30 par charrue, etc. C'est sur de semblables considérations que j'ai fondé l'évaluation du nombre des bestiaux du royaume. Cette partie de mon travail est, comme l'on voit, fort hypothétique; mais, en multipliant les observations, en augmentant le nombre des données, on parviendra, et je parviendrai moi-même, à corriger les erreurs de ces premiers aperçus.

Quoi qu'il en soit, la consommation des bes-

---

(1) Voir plus loin deux notes de Lavoisier à ce sujet.

tiaux qui se fait dans les villes m'a fourni des
moyens de vérification que je n'ai pas dû négliger. Je me suis procuré des relevés exacts
de la quantité de bestiaux de différentes espèces
qui entrent à Paris et qui s'y consomment année
commune; je les ai rapprochés des aperçus que
j'ai pu me procurer sur quelques villes de province, et j'ai reconnu que la quantité de viande
que consomment les habitants des grandes villes
est de 6 à 7 onces par tête, qu'elle est de 4 onces
seulement par personne dans les villes d'un
ordre inférieur; enfin, d'après les renseignements
que je me suis procurés sur la consommation
des fermes et des ménages champêtres, je suis
porté à croire que la consommation de la viande
est de 2 onces environ par personne dans les
campagnes.

Mais le pain et la viande ne sont pas les
seules nécessités de la vie: l'homme le plus
pauvre a besoin d'être vêtu, d'être chaussé,
d'être logé. Une partie des aliments ne se mange
pas sans quelque préparation; il faut du feu
pour les faire cuire. J'ai conclu, après de longs
calculs et d'après des renseignements qui m'ont
été fournis par des curés de campagne, que,
dans les familles les plus indigentes, chaque individu n'avait que 60 à 70 livres à consommer
par an, hommes, femmes et enfants de tous
âges compris; que les familles qui ne vivent que
de pain et de laitage, qui sont propriétaires
d'une vache que les enfants mènent paître à la

corde le long des chemins et des haies, dépensaient même encore moins;

Que la consommation moyenne des hommes adultes était à peu près égale à la paye du soldat, c'est-à-dire de 250 livres environ par an; que la dépense des femmes était au plus des deux tiers de celle des hommes;

	Livres.	Sols.	Deniers.
Enfin que dans un ménage de campagne, composé d'un mari, d'une femme et de trois enfants en bas âge, la consommation du père pouvait être évaluée à.........	251	0	0
Celle de la mère, à..........	167	6	8
Celle des trois enfants à une somme égale à celle consommée par la mère...........	167	6	8
TOTAL...........	585	13	4

C'est pour chaque individu, l'un dans l'autre, 117 livres 2 sols 8 deniers.

Pour subvenir à cette dépense, il faut que le père et la mère gagnent par jour, fêtes et dimanches compris, 38 sols 3 deniers.

Cette situation n'est celle ni des familles les plus pauvres, ni celle des familles les plus riches; c'est à peu près la consommation moyenne de tous les habitants du royaume; et comme le nombre des citoyens pauvres est incomparablement plus considérable que celui des citoyens aisés, cette somme est encore un peu au-dessus de la dépense moyenne.

Il est bien remarquable qu'après tant de recherches et de calculs, on arrive précisément au résultat que M. Quesnay avait indiqué dans la philosophie rurale, résultat qui a donné lieu à l'agréable brochure de Voltaire, intitulée *L'Homme aux quarante écus*. Ce pamphlet est à la fois un chef-d'œuvre de profondeur et de plaisanterie. Pour le philosophe, c'est un traité complet d'économie politique; pour l'homme du monde, c'est un conte plein de gaieté; le génie supérieur à tous a trouvé moyen de se mettre au niveau de tous.

Voltaire, dans cet écrit, a cependant supposé les habitants de la France un peu plus riches qu'ils ne le sont en effet; qu'ils ne l'étaient surtout à l'époque où il écrivait. Peut-être n'a-t-il pas fait entrer dans son calcul les enfants en bas âge. Quoi qu'il en soit, ce n'est qu'à 110 livres par tête que doit être fixée suivant mes calculs la consommation moyenne des habitants de la France. En multipliant cette somme par le nombre des habitants du royaume, c'est-à-dire par 25 millions, on aura 2,750 millions pour la consommation totale qui se fait en France.

Cette somme, d'après les définitions que j'ai données au commencement de cet écrit, est la production annuelle et territoriale du royaume, à l'usage des hommes; c'est ce que j'ai appelé le revenu réel du royaume, dépouillé de tout double emploi. Mais ce n'est point encore le revenu net ou imposable; il faut, pour arriver à ce dernier résultat, en déduire les frais de culture, les consommations de tous les agents qui y concourent directement ou indirectement, enfin toutes les charges de l'agriculture.

Il était nécessaire qu'avant de présenter les résultats que j'ai annoncés, je rendisse compte de la méthode que j'ai suivie pour les obtenir. Je comparerais volontiers mon travail à une carte géographique, dans laquelle tous les points sont liés entre eux par une suite de triangles. Le mérite de la carte dépend de l'exactitude qu'on a apportée dans la mesure de la base et dans la détermination des angles. Mais, comme les erreurs se multiplient à mesure qu'on s'éloigne du terme dont on est parti, il est prudent, il est nécessaire de vérifier de temps en temps les distances déterminées par le calcul, afin de se rectifier et de connaître au moins jusqu'à quel point on s'écarte de la vérité. C'est cette marche que je me suis efforcé de suivre : autant qu'il m'a été possible, j'ai cherché à parvenir au même but par deux routes différentes, et je n'ai été satisfait qu'autant que j'ai obtenu des résultats à peu près concordants.

Il y aurait un moyen de porter dans ce travail un beaucoup plus grand degré de clarté : il consisterait à former, pour une année commune, le compte ou le bilan général de toutes les productions du royaume. Chaque espèce de produit y aurait son chapitre particulier. L'agriculture du royaume serait considérée comme formant le domaine d'un seul individu qui se chargerait en recette de toutes les productions et qui justifierait de leur emploi. Ainsi, en prenant pour exemple le chapitre du blé, l'agriculteur se chargerait en recette de tout le blé récolté dans le royaume, montant à 14 milliards de livres. Toute cette quantité de blé ressortirait ensuite dans un chapitre de dépense sous différents titres, à peu près ainsi qu'il suit :

Livré aux cultivateurs du royaume pour être employé en semences ;

Livré aux cultivateurs pour leur subsistance pendant l'année ;

Livré aux moissonneurs pour frais de moissons ;

Livré aux batteurs en grange pour frais de battage ;

Livré aux préposés chargés de la collecte de l'impôt ;

Livré aux propriétaires pour prix de fermages.

Un chapitre semblable serait ouvert pour toutes les productions du royaume. Enfin à ce compte général en nature serait joint un compte général en argent qui jouerait avec tous les autres.

Le compte des laines, des chanvres, du lin,

de toutes les matières premières de l'industrie
serait surtout intéressant, parce qu'il présente-
rait le point de contact qui lie l'agriculture et
le commerce. On y verrait que la valeur des
produits du commerce et de l'industrie est absolument égale au montant de ses consommations :
en sorte que vendre du drap à l'étranger, c'est
vendre de la laine et du blé ; avec cette différence seulement, que la nation qui fabrique
gagne dans la balance de la population, et puisqu'elle a de plus chez elle les individus qui ont
fabriqué le drap, qui ont consommé le blé.

Un travail de cette nature contiendrait en un
petit nombre de pages toute la science de l'économie politique, ou plutôt cette science cesserait d'en être une ; car les résultats en seraient
si clairs, si palpables, les différentes questions
qu'on pourrait faire seraient si faciles à résoudre,
qu'il ne pourrait plus y avoir de diversité
d'opinion.

Ce compte, ce bilan général ne serait pas
porté tout à coup à son dernier état de perfection : il contiendrait peut-être des erreurs, mais
le temps fournirait les moyens de les rectifier.

Rien n'empêcherait qu'après avoir essayé de
donner une idée générale de la comptabilité de
l'agriculture pour une année commune, on
n'essayât de former le compte particulier de
chaque année. On verrait alors quelle est l'influence de l'abondance des récoltes sur la richesse nationale, ce que le territoire peut sup-

porter d'impôt dans une bonne année, le soulagement qu'il est nécessaire d'accorder dans une mauvaise; on connaîtrait ce qu'on peut exporter sans risque, etc.

Ces comptes généraux qu'on pourrait étendre à la population et à la balance du commerce formeraient un véritable thermomètre de la prospérité publique; et chaque législature verrait d'un coup d'œil, dans des états sommaires, le bien comme le mal qui auraient résulté des opérations faites par les législatures précédentes.

Tel est le plan que je m'étais formé, et dont je n'ai exécuté que la plus faible partie. Mais ce qui présentait pour un particulier des difficultés presque insurmontables deviendra facile pour l'Assemblée nationale, dès que cet objet lui paraîtra digne de son attention.

Ce qui l'intéresse dans ce moment est de connaître à quelle somme numéraire s'élève le revenu net du royaume, le seul qui soit susceptible d'être imposé. J'ose assurer avec confiance qu'il n'excède pas 1,200 millions, quand le prix du blé est de 24 livres de setier, c'est-à-dire de 2 sous la livre, et qu'au prix actuel du blé il n'excède pas beaucoup 1 milliard.

En prenant un milieu entre ces deux termes, il me paraît impossible que l'imposition foncière fixée au sixième, comme l'a décrété l'Assemblée nationale, puisse rendre, même en supposant la perception très régulière, plus de 180 millions.

A cette somme doit être ajoutée la contribution foncière des villes, et voici sur quelles bases il me semble qu'on peut l'évaluer :

La somme totale de tous les loyers de la ville de Paris s'élève environ à 70 millions; mais on ne peut pas espérer qu'ils se soutiennent à ce prix. Le loyer ayant été pris pour la base de la contribution mobilière, il en résultera une tendance à diminuer ce genre de dépense. Les retranchements qu'un grand nombre de citoyens seront forcés de s'imposer, par une suite de la diminution des émoluments et des traitements publics, formeront encore une cause de diminution des loyers; et l'on ne croit pas qu'on puisse les évaluer, d'ici à quelques années, à 48 millions, dont le sixième pourra produire une imposition foncière de 8 millions.

Les villes de première classe, Lyon, Bordeaux, Marseille, Rouen, Nantes, etc., pourront fournir une somme à peu près égale. Enfin, en réunissant toutes les conditions foncières des villes, on pourra peut-être atteindre à 30 millions. Ainsi la contribution foncière de tout le royaume, d'après les proportions décrétées par l'Assemblée nationale, n'atteindra qu'à peine 210 millions. Elle sera par conséquent, et j'ose le prédire, au moins de 30 millions, et probablement de beaucoup plus au-dessous de ce que l'Assemblée nationale en espère. La somme affectée aux dépenses des départements, et que l'Assemblée nationale a évaluée à 60 millions, se trouvera insuffisante dans la même proportion; et ce déficit à combler sera une tâche pénible que l'Assemblée nationale léguera aux législatures qui doivent lui succéder.

Elle aurait prévenu cet inconvénient, si, accordant moins de confiance à des résultats dont j'avais cherché à faire connaître l'exagération, et dans lesquels j'avais démontré des doubles emplois, elle eût persisté dans le premier plan qu'elle avait formé, et si elle eût décrété que l'imposition foncière pourrait être portée jusqu'au cinquième du revenu net, comme le Comité l'avait proposé.

RÉSULTATS EXTRAITS D'UN OUVRAGE INTITULÉ DE LA RICHESSE TERRITORIALE DE LA FRANCE.

CHAPITRE PREMIER

DE LA POPULATION DE LA FRANCE.

Tableau des habitants de la France, avec distinction de sexe et d'âge.

	Hommes.	Femmes.	Totaux.
De 1 à 10 ans.	2,979,166	3,369,792	6,348,958
De 11 à 20....	2,447,917	2,375,000	4,822,917
De 21 à 30....	1,984,375	1,734,375	3,718,750
De 31 à 40....	1,755,209	1,619,791	3,375,000
De 41 à 50....	1,588,542	1,490,583	3,079,125
De 51 à 60....	921,875	979,166	1,901,041
De 61 à 70....	645,833	588,542	1,234,375
De 71 à 80....	244,792	208,333	453,125
De 81 à 90....	36,452	15,625	52,077
De 91 à 100....	5,208	10,416	15,624
Totaux.	12,609,369	12,391,623	25,000,992

Tableau, par aperçu, des habitants de la France, avec distinction d'état et de professions.

(Il ne faut pas perdre de vue que chacune des classes ci-après comprend les hommes, les femmes et les enfants.)

Population de villes et gros bourgs, en ce nombre, non compris les agents de l'agriculture, qui demeurent dans les villes et bourgs 8,000,000

Laboureurs, fermiers, valets, filles de basse-cour, bergers, hommes, femmes et enfants compris	6,000,000
Journaliers occupés à battre en grange pendant l'hiver, à faucher et à moissonner pendant l'été, terrassiers, maçons et autres, vivant aux dépens de l'agriculture, eux et leurs familles.....................	4,000,000
Vignerons et leurs familles	1,750,000
Salariés par les vignerons et propriétaires de vignes...............................	800,000
Marchands, cabaretiers, fournisseurs des bourgs et villages, maréchaux, bourreliers, charrons, vivant aux dépens de l'agriculture, hommes, femmes et enfants compris.................................	1,800,000
Petits propriétaires vivant, pour la plus grande partie, du produit de leurs fonds.	450,000
Matelots, journaliers de toute espèce, attachés aux manufactures hors des villes, carriers, mineurs, voituriers-rouliers, nobles, ecclésiastiques, et leurs domestiques vivant hors des villes.....................	1,950,000
Armée française.........................	250,000
Total...................	25,000,000

Ce tableau n'est qu'un premier aperçu dont il est impossible de garantir l'exactitude ; le temps seul et des travaux suivis avec soin dans tous les départements pourront donner des idées exactes sur le nombre des habitants du royaume attachés à chaque profession.

Autres résultats sur la population, d'après les re-
cherches insérées dans l'ouvrage de M. Moheau.

Nombre de gens mariés........................	11,100,000
Nombre d'hommes veufs........................	609,756
Nombre de femmes veuves	1,319,512
Nombre d'hommes en état de porter les armés, en ce compris 18,323 nobles ou ennoblis............................	5,519,000
Les ci-devant nobles formaient environ le trois-centième de la population, c'est-à-dire, hommes, femmes et enfants compris, environ............................	83,000

CHAPITRE II

ESSAI SUR LE DÉNOMBREMENT DES CHEVAUX ET BESTIAUX.

Chevaux.

Nombre de chevaux occupés des travaux d l'agriculture, dans les pays où l'on cultive avec les chevaux.................	960,000
Nombre de chevaux occupés des travaux de l'agriculture, dans les pays où l'on cultive avec des bœufs.................	600,000
Nombre de chevaux de la ville de Paris...	21,500
Nombre de chevaux de toutes les autres villes du royaume, et employés pour le roulage............................	160,000
Chevaux attachés à l'armée française.......	40,000
TOTAL des chevaux du royaume, en ce non compris les élèves.....................	1,781,500

Bestiaux.

Nombre de bœufs à compter de l'âge ou ils commencent à travailler...............	2,700,000
Bœufs à l'engrais.......................	389,000
Total des bœufs...........	3,089,000
Nombre de vaches.......................	4,000,000
Nombre de moutons......................	20,000,000
Nombre de porcs........................	4,000,000

CHAPITRE III

DE L'ÉTENDUE TERRITORIALE DU ROYAUME ET DE SA CULTURE.

Nombre d'arpents, mesure de Roi, qui forment la superficie totale de la France, d'après les recherches très exactes de M. Paucton.......................	105,000,000
Nombre de charrues conduites par des chevaux.......................	320,000
Nombre de charrues conduites par des bœufs.......................	600,000
Total des charrues.......	920,000

Nombre d'arpents cultivés chaque année en blé :

Par les chevaux............	9,600,000	18,600,000
Par les bœufs............	9,000,000	
En mars, par les chevaux................		9,600,000

Nombre d'arpents qui restent en jachères dans les pays cultivés :

Par des chevaux............	9,600,000	18,600,000
Par des bœufs............	9,000,000	
Nombre d'arpents, mesure de Roi, qui restent en vaines pâtures dans les pays cultivés par des bœufs............		18,000,000
Total.......................		64,800,000

On sera peut-être étonné de voir qu'il n'y a pas les deux tiers du Royaume qui soient cultivés en terres labourables ; mais on doit considérer que, sur l'étendue territoriale du royaume, il faut déduire les chemins, les rivières, les terres en friches, etc. ; Que dans quelques-unes des ci-devant provinces de France, comme en Bretagne, les terres ne sont cultivées qu'une année sur dix, quelquefois sur vingt, et qu'elles sont le reste du temps en pâturages ;

Qu'indépendamment des terres labourables, il y a les bois, les prés, les jardins, les parcs, etc.

Si l'on veut bien peser ces différentes considérations, on reconnaîtra que les calculs faits sur les consommations se raccordent très bien avec ceux faits sur l'étendue géométrique du territoire. On n'en sera que plus disposé à donner quelque confiance à ces résultats.

CHAPITRE IV

DES CONSOMMATIONS DE TOUTE ESPÈCE QUI SE FONT ANNUELLEMENT DANS LE ROYAUME.

Consommation du blé.

Consommation du blé, seigle et orge, pour la nourriture des hommes......	11,667,000,000 livres.
Blé employé en semences......	2,333,000,000
TOTAL en livres pesant de blé, seigle et orge, qui se récoltent et se consomment dans le royaume, en ce non compris l'orge qui est consommée par les animaux....	14,000,000,000

La valeur actuelle du blé n'excède pas 1 sou 6 deniers par livre : à ce prix il se consommerait annuellement en France pour 875,025,000 livres de blé. Mais il faut une suite non interrompue de bonnes récoltes pour que le blé tombe à ce prix. Sa valeur moyenne, ou plutôt sa valeur naturelle en France, est de 2 sous la livre ; et alors la valeur de la consommation totale s'élèverait à 1167 millions de livres.

Consommation de l'avoine.

La consommation de l'avoine, les semences non comprises, est d'environ 400 millions de boisseaux, mesure de Paris ; la valeur en argent est d'environ 200 millions : mais sur ce produit il ne faut en faire entrer au plus que 40 millions en revenu réel, le surplus étant consommé par les chevaux de labour et autres attachés à l'agriculture.

Consommation de la viande.

Nombre de bestiaux qui se consomment annuellement à Paris, d'après les registres des droits d'entrée.

Espèces de bestiaux.	Nombre de bestiaux.	Livres de viande.
Bœufs......................	70,000	49,000,000
Vaches.....................	19,000	4,500,000
Veaux......................	120,000	7,200.000
Moutons	350,000	14,000,000
Porcs......................	35,000	7,000,000
Chair morte...............	»	600,000
Total de la consommation de Paris	»	82,300,000

*Évaluation du nombre de bestiaux qui se consomment an-
nuellement dans toutes les villes du royaume, en y comprenant la ville de Paris.*

Espèces de bestiaux.	Nombre de bestiaux.	Livres de viande.
Bœufs..........................	307,000	277,000,000
Vaches.........................	454,000	113,500,000
Veaux..........................	1,482,500	59,800,000
Moutons........................	3,756,250	150,250,000
Porcs..........................	443,750	88,750,000
Total de la consommation des villes du royaume..........	6,343,500	689,700,000

Il se consomme en outre dans les campagnes,
par les agents de l'agriculture et autres, environ
3 millions de porcs du poids chacun de 150 livres : ce qui forme un total de 450 millions de
livres.

Les habitants des campagnes consomment, de
plus, les moutons qui périssent d'accidents, qui
ont été blessés, etc.; en évaluant leur nombre
à 1,500,000 et leur poids à 35 livres, ce serait
encore une quantité de 52,500,000 livres de
viande.

Enfin on estime qu'ils consomment 600,000
veaux, pesant 30 livres chacun, et ensemble
18 millions de livres; et 6,000 vaches, pesant
200 livres chacune, et ensemble 1,200,000 livres.

En réunissant toutes ces quantités, on trouve
le résultat suivant :

Consommation totale des bestiaux dans tout le royaume.

Espèces de bestiaux.	Nombre de bestiaux.	Livres de viande.
Bœufs......................	897,000	277,900,000
Vaches.....................	400,000	114,700,000
Veaux à différents poids....	2,082,500	77,800,000
Moutons à différents poids..	5,256,250	202,750,000
Porcs à différents poids....	3,443,750	538,750,000
Total de la consommation du royaume...............	»	1,211,400,000

La consommation moyenne de la viande, en France, est, comme l'on voit, environ du dixième en poids du pain ; elle est de 6 à 7 onces par jour par personne, à Paris et dans les grandes villes ; de 4 onces environ dans les villes de province, et de 1 once et demie environ dans les campagnes.

Consommation du vin.

On n'a que des résultats assez vagues sur la consommation des liqueurs spiritueuses, et il ne serait pas impossible qu'on se trompât d'un quart, d'un tiers, et même de moitié dans les évaluations ci-après.

On estime qu'il se consomme en France 4,500,000 pintes de vin par jour, sans compter le cidre et le poiré.

La consommation annuelle de vin serait donc

de 1 milliard 642 millions 500,000 pintes, mesure de Paris, ou de 5,703,125 muids.

CHAPITRE V

DE LA CONSOMMATION MOYENNE DU ROYAUME, ÉVALUÉE EN ARGENT.

Il n'est pas aussi facile qu'on le croirait d'abord d'établir la consommation moyenne des habitants du royaume.

Les hommes consomment en général plus que les femmes, les femmes plus que les enfants en bas âge ; et dans une famille composée d'un mari, d'une femme et de trois enfants au-dessous de dix ans, le père consomme presque autant à lui seul que le reste de la famille.

La consommation des individus varie encore davantage à raison des circonstances dans lesquelles ils se trouvent et de l'aisance dont ils jouissent.

Une partie des habitants de la campagne ne mangent point de viande : les habitants de Paris et de quelques grandes villes en consomment par jour 6 et 7 onces ; ceux des petites villes n'en consomment que 4 à 5 ; ceux des campagnes, 2 onces tout au plus ; le surplus de leur nourriture est de pain, de légumes, de fruits, de beurre, de fromage, de laitage.

La consommation du pain elle-même varie en raison de l'abondance des récoltes, et les classes les moins aisées de la société mangent moins de pain, quand il est cher, que quand il est à bon marché.

On ne peut donc obtenir des résultats dignes de quelque confiance, sur la consommation moyenne des habitants du royaume, qu'après de longs calculs.

Voici ceux auxquels je suis parvenu. Dans les familles les plus indigentes, chaque individu n'a que 60 à 70 livres à consommer par an, hommes, femmes et enfants de tout âge compris ; c'est l'état de la plus extrême pauvreté. Les laboureurs, domestiques et agents de l'agriculture jouiront en général d'une plus grande aisance. La consommation moyenne des hommes adultes est à peu près égale à la paye du soldat ; celle des femmes, d'un peu de moitié plus de celle des hommes adultes, etc. Enfin, en faisant entrer en ligne de compte les riches, les habitants des villes, la consommation moyenne de tous les habitants du royaume est entre 100 et 120 livres.

En multipliant ces nombres par celui des habitants du royaume, qui est de 25 millions, on a, pour l'évaluation en argent de la consommation totale du royaume, 2 milliards 500 millions à 3 milliards, et en prenant un milieu, 2 milliards 700 millions.

Cette somme est le revenu réel du royaume, dépouillé de tout double emploi ; mais ce n'est encore que le revenu brut, et pour avoir le produit net ou le revenu imposable, il faut encore en déduire tous les frais de culture et toutes les dépenses à la charge de l'agriculture, ainsi qu'on l'exposera dans le chapitre VII.

CHAPITRE VI

ESSAI SUR LE PARTAGE DES RÉCOLTES.

Partage du blé.

	Livres de blé.
Blé employé en semences.	3,333,333,333
Consommation des cultivateurs.	925,080,000
Dépenses des moissons.	1,008,340,000
Frais de battage.	420,000,000
Autres dépenses d'exploitation.	1,071,020,000
Dîmes à la vingtième (1).	700,000,000
Vingtièmes et sols pour livre.	416,500,000
Tailles et accessoires.	1,120,000,000
Droit représentatif de la corvée.	180,000,607
Portion des droits de gabelles et tabac.	402,700,000
Part des propriétaires.	4,305,160,000
TOTAL.	14,000,000,000

On n'a point encore pu se procurer des résultats exacts sur le partage des autres récoltes.

CHAPITRE VII

CALCUL DU PRODUIT NET DU REVENU TERRITORIAL DU ROYAUME, ÉVALUÉ EN ARGENT.

Le produit dont le tableau est ci-après est celui

(1) Les calculs présentés par ce tableau ont été faits avant la suppression de la dîme. Aujourd'hui, d'après les décrets de l'Assemblée nationale, elle doit être ajoutée à la part du propriétaire. On a laissé subsister ici cet article, pour faire voir que la seule dîme du blé montait à 70 millions, quand le prix du pain est à 2 sols.

que les économistes ont appelé *le produit net ou imposable.* C'est le revenu territorial du royaume, dépouillé de tous doubles emplois, et déduction faite de toutes les dépenses généralement quelconques à la charge de l'agriculture, si ce n'est l'imposition qui est encore comprise dans ce produit.

Tableau du produit net en argent du revenu du royaume avant le prélèvement de l'impôt.

Produit des terres cultivées en blé, quand le prix du blé est de 2 sous la livre......................	728,000,000 livres.
Produit des vignes..................	80,000,000
Produit des bestiaux...............	160,000,000
Produit des bois....................	120,000,000
Produit des laines..................	50,000,000
Produit de l'avoine consommée dans les villes......................	32,000,000
Produit du foin consommé dans les villes......................	12,000,000
Produit de la paille consommée dans les villes......................	5,000,000
Produit des soies..................	2,000,000
TOTAL...............	1,198,000,000 livres

Ce produit se trouve diminué de 180 millions et réduit à 1 milliard 165 millions, quand le blé tombe à 1 sou 6 deniers la livre.

Il manque à ce tableau le produit des œufs, beurre et fromages vendus aux villes par les agents de l'agriculture; celui des fruits et légumes; celui des huiles, etc. Sans pouvoir donner une valeur rigoureuse à ces productions, on croit pouvoir conclure que le produit du territoire du royaume excède 1 200 millions, quand le prix du blé est de 2 sous la livre, et qu'il n'excède pas 1 050 millions, quand ce même prix tombe à 1 sou 6 deniers.

CHAPITRE VIII

RÉSULTAT DÉFINITIF ÉVALUÉ EN ARGENT.

Produit général du territoire du royaume.

(Ce produit n'étant pas convertible en argent, du moins en totalité, on induirait le lecteur en erreur, si on le portait ici autrement que pour.................. *Mémoire.*)

Portion du produit territorial, convertible en argent; défalcation de tout double emploi : c'est la totalité de ce qui se consomme par les hommes......................	2,750,000,000 livres.
Produit net ou imposable, quand la valeur du blé est de 2 sous la livre, ou de 24 livres le setier.........	1,200,000,000 livres.
Sur quoi défalquant le montant des impositions directes et indirectes, qu'on suppose devoir monter à..	600,000,000
Reste pour la portion que les propriétaires auront à se partager...	600,000,000

Ainsi, en définitive, sur le produit total du territoire du royaume qui est de 2 750 millions de livres, les frais de culture, de subsistance, et autres généralement quelconques des agents de l'agriculture, consomment un peu plus de la moitié. Le surplus, montant à 1 200 millions.

est partagé à peu près par égale portion entre le Trésor public et les propriétaires.

ESSAI

SUR LA POPULATION DE LA VILLE DE PARIS

SUR SA RICHESSE ET SES CONSOMMATIONS.

Le nombre des naissances, dans la ville de Paris, est, année commune, de 19,700. En multipliant ce nombre par 30, on peut conclure, avec quelque vraisemblance, que le nombre des habitants de Paris, de tout sexe et de tout âge, est de 593,070, et en nombre rond, de 600,000.

Par une vérification faite en 1775, par ordre de M. Turgot, alors contrôleur général des finances, la quantité de blé et de seigle entrée dans Paris pendant une année commune de dix, de 1764 à 1773, s'est trouvée de................... 14,351 muids.
Celle de farine, de 66,289

Le muid de blé est du poids de 2 880 livres, et chaque livre de blé peut fournir 1 livre de pain, poids pour poids ; l'eau qu'on ajoute au pain dans sa fabrication rendant à peu près un poids égal à celui du son qui a été séparé par la mouture.

Le muid de farine est composé de 6 sacs, du

poids chacun de 325 livres ; et chaque sac de farine donne, après la cuisson, environ 104 pains de 4 livres, ou 416 livres de pain.

On voit, d'après ces données, qu'il entrait à Paris, année commune à cette époque :

	Livres de pain.
En nature de blé ou de seigle............	41,330,880
En nature de farine.....................	105,457,344
Total.....................	200,788,224

Cette quantité est encore à peu près celle qui se consomme à Paris, en supposant toutefois que les quantités de pain qui s'apportent du dehors dans les marchés soient à peu près compensées par celles que les habitants des campagnes emportent avec eux en retour de leurs denrées.

Il en résulte que la consommation du pain faite par les habitants de Paris est à peu près de 15 onces par personne, de tout âge et de tout sexe.

La consommation de la viande peut être assez exactement évaluée par le nombre de bestiaux qui ont acquitté les droits d'entrée, multiplié par leur poids. Il est à observer que les droits ayant toujours été les mêmes à l'entrée de Paris, sur les gros comme sur les petits bestiaux d'une même espèce, on ne fait entrer que ceux de la plus forte taille. En conséquence, on a supposé dans les évaluations ci-après :

Qu'un bœuf fournissait en viande comestible,   700 livres.
Une vache   360
Un veau   73
Un mouton   50
Un porc   200

C'est dans cette supposition qu'on a formé le tableau suivant. On n'y a donné aucune évaluation aux bestiaux entrés en fraude, premièrement, parce que leur introduction n'est pas facile ; secondement, parce qu'il serait possible qu'on eût forcé de quelque chose le poids des bestiaux, surtout celui des vaches et des veaux ; ce qui établit une sorte de compensation.

État du nombre de bestiaux et de livres de viande qui se consomment annuellement à Paris, en nombres ronds.

Espèces de bestiaux.	Nombre de bestiaux.	Livres de viande.
Bœufs	70,000	49,000,000
Vaches	18,000	6,480,000
Veaux	120,000	8,640,000
Moutons	350,000	17,500,000
Cochons	35,000	7,000,000
Viande entrée, en livres	»	1,380,000
TOTAL		90,000,000

En divisant ce total des livres de viande par le nombre des habitants de Paris, on trouvera pour la consommation de chacun d'eux, l'un dans l'autre, un peu plus de 150 livres par an ; ce qui revient, par jour, à 6 onces 4 gros 2 tiers.

L'état ci-après présente de semblables résultats pour les principales denrées et marchandises qui entrent annuellement à Paris, d'après les registres de perception. On doit avertir cependant qu'on ne peut répondre de quelque exactitude que pour les quantités de pain, de boissons, de bestiaux, d'œufs, de poissons, de fromage frais, de combustibles, de sucre, de cassonade, d'huile, de cire, de bougie, de bois carrés, de matériaux à bâtir : les résultats relatifs aux autres objets, tels que la marée, la volaille, les métaux, et quelques autres espèces de marchandises, sont plus hypothétiques.

État des marchandises et denrées de toute espèce, qui se consomment annuellement à Paris, d'après une année commune, prise antérieurement à la Révolution.

Livres de pain	200,000,000	liv. pes.
Livres de riz	3,500,000	
Vin ordinaire	250,000	muids.
Vin de liqueurs	1,000	
Eau-de-vie, en supposant que tout entre en eau-de-vie simple, et en évaluant la fraude à un sixième.	8,000	
Cidre	2,000	
Bière	20,000	
Vinaigre	4,000	
Bœufs, du poids de 700 livres	70,000	
Vaches, du poids de 360 livres	18,000	
Veaux, du poids de 72 livres	120,000	
Moutons, du poids de 50 livres	350,000	
Porcs, du poids de 200 livres	35,000	
Viande, en livres	1,880,000	

Poids du poisson de mer, frais, sec et salé..........................	10,000,000 liv. pes.
Nombre de carpes...............	800,000
Nombre de brochets.............	80,000
Nombre d'anguilles	50,000
Nombre de tanches	30,000
Nombre de perches.............	6,000
Nombre d'écrevisses	75,000
Cordes de bois	714,000
Voies de charbon de bois........	694,000
Voies de charbon de terre........	10,000
Nombre d'œufs.................	78,000,000
Nombre de livres de beurre frais.	3,150,000
Nombre de livres de beurre salé et fondu	2,700,000
Nombre des fromages frais, de Brie, de Marolles, et autres.........	424,500
Poids des fromages secs, faisant partie du commerce de l'épicerie.	2,600,000
Cire et bougie..................	538,000 liv. pes.
Sucre et cassonade.............	6,500,000
Huile de toute espèce...........	6,000,000
Café.........................	2,500,000
Cacao	250,000
Girofle.......................	9,000
Poivre.......................	75,000
Pruneaux.....................	476,000
Savon.......................	1,900,000
Potasse, soude et cendres gravelées........................	2,300,000
Quantité d'aunes de toiles.......	6,000,000 aunes.
Cuivre	450,000 liv. pes.
Acier........................	250,000
Fer	8,000,000
Plomb.......................	3,200,000
Étain........................	350,000
Vif-argent....................	18,000
Cuirs et peaux................	3,700,000
Pelleteries...................	530,000
Foin	6,328,000 bottes.

Paille...........................	11,090,000
Avoine..........................	21,409 muids.
Orge............................	8,800
Vesce et grenaille	1,400
Bois carrés et à bâtir, en nombre de pieds cubes...................	1,600,009 p. cubes.
Pierre de liais, par nombre de pieds cubes...........................	»
Pierre de taille dure, par nombre de pieds cubes...................	620,000
Pierre de taille de Saint-Leu, par nombre de pieds cubes.........	930,000
Moellons de meulière et autres, par nombre de toises cubes........	64,000 t. cubes.
Chaux, en nombre de muids.....	8,000
Plâtre, en nombre de muids, chacun de 36 sacs.................	120,000
Nombre d'ardoises fortes........	3,717,000
Nombre d'ardoises fines.........	132,700
Nombre de tuiles, grand moule ..	3,408,000
Nombre de tuiles, petit moule....	527,600
Nombre de briques	973,000
Pavés, sans compter ceux destinés à l'entretien du pavé de Paris..	1,360,000

Si, après avoir considéré les consommations de toute espèce qui ont lieu à Paris, on demandait ce que dépense tous les ans en argent chacun de ses habitants, on trouverait aisément la réponse à cette question dans les tableaux qui précèdent. Il ne s'agirait que de donner une valeur en argent à chacune des denrées qui entrent à Paris, en estimant à peu près les objets sur lesquels on n'a point de renseignements positifs.

Les quantités de denrées dont la consommation est la plus forte et tient le plus près aux besoins de nécessité première étant bien connues, les erreurs qu'on pourrait commettre à l'égard des autres seraient de peu de conséquence.

On conçoit que la valeur des denrées et des marchandises étant susceptible de variations continuelles, il n'a pas été possible d'arriver à des résultats rigoureusement exacts.

On a d'ailleurs manqué d'instructions suffisamment positives sur la valeur de quelques marchandises, et la nécessité de publier n'a pas permis d'attendre qu'on eût pu rassembler de plus amples renseignements.

On a cru cependant devoir distinguer par un astérisque (*) les articles qui présentent le plus d'incertitude.

Tableau dont l'objet est de présenter l'évaluation en argent de toutes les dépenses faites par les habitants de Paris, droit compris.

Dénomination des marchandises et denrées.	Quantités qui se consomment à Paris.	Prix.	Valeur.
	liv. pes,		
Pain.....................	206,000,000 à	0¹ 2ˢ	20,600,000ˡ
	muids.		
Vin.....................	250,000 à 130	0	32,500,000
Eau-de-vie.............	8,000 à 300	0	2,400,000
Cidre	2,000 à 60	0	120,000
Bière	20,000 à 60	0	1,200,000
Vinaigre..............	4,000 à 100	0	400,000
A reporter........			57,220,000

Dénomination des marchandises et denrées.	Quantités qui se consomment à Paris.	Prix.	Valeur.
Report..........			57,220,000
	liv. pes.		
Viande de boucherie...	90,000,000 à	0 9	40,500,000
Œufs	»	»	3,500,090
Beurre frais...........	»	»	3,500,000
Beurre salé et fondu,...	»	»	1,800,000
Fromages frais........	»	»	900,000
Fromages salés du commerce de l'épicerie..	»	»	1,500,000
*Marée fraîche.........	»	»	3,000,000
Harengs frais..........	»	»	400,000
*Saline................	»	»	1,500,000
*Poissons d'eau douce..	»	»	1,200,000
Bois à brûler	»	»	20,000,000
*Bois carrés et à ouvrager.	»	»	4,000,000
	voies.		
Charbon de bois........	700,000	»	3,500,000
Charbon de terre......	10,000	»	600,000
	cent de bottes		
Foin.................	60,000	»	2,100,000
Paille...............	110,000	»	1,980,000
	muids.		
Avoine..............	21,000	»	5,250,009
	liv. pes.		
Sucre et cassonade....	6,500,000	»	7,800,000
	liv. pes.		
Huiles...............	6,000,000 à	1ₗ 0ˢ	6,000,000
Cire et bougie........	538,000 à	2 10	1,345,000
Café	2,500,000 à	1 5	3,125,000
*Cacao...............	»	»	500,000
	liv. pes.		
*Papier	6,000,000	»	10,000,000
Potasse, soude et cendres gravelées	»	»	1,000,000
Cuivre	450,060 à	1 0	450,000
A reporter.......			182,670,000

Dénomination des marchandises et denrées.	Quantités qui se consomment à Paris.	Prix.		Valeur.
	Report............			182,070,000
Fer.....................	8,000,000 à	0	4	1,600,000
Plomb.................	3,200,000 à	0	6	960,000
Étain..................	350,000 à	1	0	350,000
Vif-argent.............	18,000 à	3	10	63,000
*Épiceries.............	»	»		10,000,000
*Drogueries	»	»		3,000,000
*Merceries.............	»	»		4,000,000
*Quincailleries.........	»	»		4,000,000
*Draps.................	»	»		8,000,000
*Étoffes de laine........	»	»		5,000,000
*Soie et étoffes de soie..	»	»		5,000,000
	aunes.			
Toiles.................	8,000,000 à	1	10	12,000,000
*Marbre...............	»	»		
	p. cubes.			
Pierre de taille de Saint-Leu.................	930,000	»		
Pierre de taille	620,000	»		
	t. cubes.			
Moellons	64,000	»		
	muids.			
Chaux.................	8,000	»		4,000,000
Plâtre.................	120,000	»		
Ardoises fortes........	3,717,000	»		
Ardoises fines.........	132,700	»		
Tuiles, grand moule...	3,498,000	»		
Tuiles, petit moule....	527,600	»		
Carreaux de terre cuite.	»	»		
Briques	973,000	»		
Pavés.................	1,360,000	»		
Marchandises omises...	»	»		6,857,000
Fruits et légumes......	»	»		12,500,000
Total...........				260,000,000

Dans ce total est comprise la dépense relative à la nourriture et à l'entretien des chevaux, montant à environ.................... 10,000,000

Reste pour la consommation des hommes. 250,000,000

On voit, par le résultat de ce tableau, que la somme totale des consommations de Paris s'élève, en ce non compris la consommation des chevaux, à la somme de 250 millions de livres; ce qui donne, pour la dépense moyenne de chaque habitant, hommes, femmes et enfants, l'un dans l'autre, par an, 416 livres 13 sols 4 deniers, et par jour, 1 livre 2 sols 10 deniers;

Que la dépense et la consommation des chevaux s'élèvent environ à 10 millions, et qu'en réunissant cette dépense à toutes les autres, il en résulte un total de 260 millions; ce qui donne à dépenser pour chaque habitant, de tout âge et de tout sexe, par an, 433 livres 6 sols 8 deniers, et par jour, 1 livre 3 sols 8 deniers 68/73.

Dans cette dépense n'est pas comprise celle du loyer, qui monte en masse au moins à 60 millions, et pour chaque individu, à 100 livres par an, c'est-à-dire à 5 sols 5 deniers 2/3 par jour.

Maintenant, puisqu'il se consomme à Paris, chaque année, une somme de 260 millions, il est évident que la ville de Paris jouit en masse au moins de 260 millions de revenu; car il est impossible, à la longue, de dépenser plus qu'on ne reçoit. Il est de plus très probable, et même certain, que les ouvriers, artisans, et en général presque tous les habitants de Paris, font chaque année quelques économies ; que l'industrie parisienne, considérée dans son ensemble, fait quelques bénéfices sur la balance de son commerce, soit avec les provinces, soit avec l'étranger. On peut juger de ces bénéfices et de ces économies par les placements qui se faisaient habituellement par les habitants de Paris dans les emprunts publics. En estimant ces économies à 40 millions par an, il en résulterait que la ville de Paris jouit de 300 millions de revenu.

Cette somme totale est à peu près composée des sommes particulières ci-après :

Revenu provenant des loyers des maisons......................	60,000,000 livres.
Revenu provenant des intérêts et dépenses payés par le Trésor public..	140,000,000
Revenu des propriétaires de terre, de biens ruraux, de manufactures, etc.	100,000,000
TOTAL...............	300,000,000

De ces 300 millions, le fisc en retirait, dans l'ancien ordre de choses, environ le cinquième par les impositions et droits ci-après :

Entrées de Paris, tant au profit du Trésor public que de la ville et des hôpitaux,.....................	36,500,000 livres.
Vingtièmes...........................	5,174,000
Capitation	4,095,000
Portion de la taille et accessoires....	429,873
A reporter.........	46,198,873

Report.......	46,198,873
Gabelle, déduction faite du prix marchand du sel..................	3,500,000
Tabac, déduction faite du prix marchand	3,800,000
Droits sur les cuirs et peaux, perçus par la Régie générale	174,000
Marque d'or et d'argent	450,000
Cartes à jouer..................	137,000
Papiers et cartons...............	470,000
Amidon, poudre à poudrer.........	144,500
Droits domaniaux. Contrôle des actes, des exploits; petit-scel, insinuations, centième denier, amortissement, francfief, usages et nouveaux acquêts, échanges, contre-échanges, etc.....	1,650,000
Hypothèques....................	300,000
Greffes, droits réservés dans les cours et tribunaux, amendes, etc	1,623,000
Formule, papier et parchemin timbrés.	1,232,000
Quatre deniers pour livre de la vente des immeubles	2,400
Droits de la poste aux lettres	1,331,000
Caisse de Poissy.................	1,016,500
Droits qui se perçoivent au profit des communautés de marchands.......	300,000
Portion du bénéfice de la loterie royale de France, à la charge de la ville de Paris	8,166,697
TOTAL...............	70,000,000

On voit encore, par ce résultat, que la contribution des habitants de Paris était, sous l'ancien régime, de 118 livres 2 sols 7 deniers 1/5 par an pour chaque individu de tout sexe et de tout âge, c'est-à-dire, par jour, de 6 sols 5 deniers 2/3.

Ainsi, en dernier résultat et en négligeant les fractions, chaque habitant de Paris, de tout âge et de tout sexe, dépensait par jour, l'un dans l'autre, loyer compris, 28 à 29 sols, dont plus de 6 sols tournaient au profit du Trésor public.

La contribution de la ville de Paris était donc d'un cinquième environ, tant en contribution foncière que personnelle, et en droits sur les consommations.

Cette somme paraîtra bien considérable, surtout si l'on considère qu'une partie des revenus de la ville de Paris ne parviennent à ses habitants qu'après avoir acquitté l'imposition foncière dans les provinces.

Ici se termine la brochure publiée par Lavoisier. Les fragments suivants, destinés à la rédaction du grand ouvrage qu'il méditait, se trouvent dans ses papiers en minutes autographes.

(*Note de l'Éditeur des Œuvres de Lavoisier*).

CE QU'ON DOIT ENTENDRE PAR UNE CHARRUE EN TERME DE CULTURE.

La quantité d'arpents qu'une charrue peut labourer et cultiver varie suivant que les terres sont plus ou moins fortes. Tout ce qu'on va dire doit s'appliquer aux terres de qualité moyenne, telles que celles de Beauce ou de Brie.

M. Arbuthnot, dans son *Traité de l'utilité des grandes fermes*, compte 12 chevaux pour l'exploitation de 300 acres de terre; c'est, à raison de 2 chevaux pour 39 arpents 2/3.

Dans la plupart de nos provinces, les chevaux ne font pas autant d'ouvrage.

Dans la Brie champenoise, 2 chevaux labourent 40 arpents de 100 perches, la perche de 20 pieds, ce qui revient à 33 arpents, mesure de Roi. Ce serait par 2 chevaux 24 arpents 1/3 carrés, de 1000 toises carrées chacun. Cette estimation pourrait encore être un peu forte, et j'estimerais volontiers la charrue à 30 arpents, mesure de Roi, et à 48 arpents 1/3, mesure de 1000 toises carrées.

Il est des pays où la charrue exige 4 chevaux, d'autres 3, d'autres 2 ; mais, dans les terres moyennes, on est obligé d'avoir au moins un cheval de relai pour 3 charrues. On voit qu'en partant d'une évaluation moyenne, on doit compter l'un dans l'autre sur 3 chevaux par charrue, sans compter les chevaux des villes et du roulage.

Dans les pays où on laboure avec des bœufs, on ne peut guère compter que sur les deux tiers du travail par chaque charrue ; ainsi chaque charrue cultive 20 arpents, mesure de Roi, et 28 arpents, mesure de 1000 toises carrées. Il faut compter 4 bœufs par charrue au moins, peut-être 5.

DE CE QUE PRODUIT UNE CHARRUE CULTIVÉE AVEC DES CHEVAUX ET AVEC DES BOEUFS.

Un arpent de 100 perches à l'arpent et de

24 pieds par perche à Freschines rapporte dans une bonne année 1200 livres de blé. Cette évaluation est un peu forte. Cet arpent est de 1600 toises carrées, ce qui donne pour un arpent, mesure de roi, 1000 livres, et par une mesure de 1000 toises carrées, 750 livres.

Quoique cette estimation soit un peu forte relativement à nos terres de Freschines, cependant comme elle est faible par rapport aux terres de la bonne Beauce et de la Brie, on la regardera comme une moyenne.

Une charrue conduite par des chevaux pouvant cultiver 30 arpents, mesure de Roi, ou 40 mesures de 1000 toises carrées, elle pourra donner 30,000 livres de blé.

Une charrue conduite par des bœufs ne récolte que 800 livres de blé par arpent de 1600 toises, et par arpent, mesure de Roi, 666 livres 2/3, ce qui revient par charrue à 13,333 livres 1/3. Comme cette évaluation est faible, on partira de 15,000 livres pesant par charrue menée par des bœufs, ce qui fait moitié d'une charrue menée par des chevaux.

On doit compter 4 bœufs par chaque charrue.

DU NOMBRE DES CHARRUES QUI EXISTENT EN FRANCE EN GRANDE ET PETITE CULTURE.

Si toute la France était cultivée par des chevaux, rien ne serait plus aisé que de répondre à cette question, car, connaissant la quantité de la production du blé, et ce qu'une charrue peut produire, et divisant le premier nombre par le second, on aurait en quotient le nombre des charrues qui existent en France.

La réponse ne serait pas plus difficile à faire si toute la France était cultivée par des bœufs, mais il est extrêmement difficile de donner un aperçu exact de la proportion qui existe entre les deux cultures.

M. Dupré de Saint-Maur a toujours supposé que les sept huitièmes de la France étaient en petite culture, et M. Quesnay, dans l'article *Fermier* de l'*Encyclopédie*, est parti du même résultat, mais il est évident que, sous le nom de petite culture, ils n'ont pas seulement compris la culture faite avec des bœufs, mais celle faite avec des chevaux par des métayers ou fermiers à moitié.

Dans l'impossibilité d'avoir des bases sur cet objet, on évaluera aux deux tiers du total le nombre de charrues conduites par des bœufs et aux tiers celles conduites par des chevaux.

Or, comme les charrues conduites par des bœufs produisent moitié moins, il en résulte que la production du blé par les charrues conduites par des bœufs est égale à la production des charrues conduites par les chevaux. Si cette évaluation est fausse, le temps pourra la rectifier et, en attendant, on peut la regarder au moins comme une supposition assez vraisemblable.

Ainsi des 14 milliards de blé produits en

France, 7 milliards seront le produit de la culture par des bœufs et 7 milliards seront le produit de la culture par les chevaux.

Les 7 milliards divisés par 30,000 livres donneraient 233,333 1/3 charrues conduites par des chevaux et 466,666 2/3 charrues conduites par des bœufs.

D'où l'on conclura encore pour le nombre d'arpents, mesure de Roi, cultivés chaque année en blé, par des chevaux.	7,000,000
Pour le nombre des mesures de 1000 toises carrées................	9,410,333 1/3
Pour la culture par des bœufs :	
Nombre d'arpents, mesure de Roi.......	9,333,333 1/3
Nombre de mesure de 1000 toises carrés................................	12,531,066 2/3
A trois chevaux par charrue la culture occupe :	
Chevaux.........................	700,000
Et à quatre bœufs par charrue pour le surplus :	
Bœufs	1,866,666 2/3

Le nombre des arpents cultivés en blé ne fait pas tout à fait le tiers de la totalité des terres labourables dans les pays cultivés par des chevaux à cause des prairies artificielles qui sont prélevées sur le tout; aussi, au lieu de 21 millions d'arpents de terres labourables cultivées en blé, nous compterons 24 millions d'arpents et 32,266 2/3 de mesures de 1000 toises carrées.

La même réflexion s'applique à la culture des bœufs. La partie cultivée en blé dans quelques provinces ne fait pas plus de la vingtième partie; dans d'autres, elle approche de la moitié.

Il est impossible de prendre un milieu entre ces deux évaluations, car des terres qu'on ne cultive en blé que tous les vingt ans comme dans quelques cantons de la Bretagne sont des terres en friche.

Je crois qu'on peut admettre à peu près autant d'arpents superficiels cultivés par les bœufs et par les chevaux, et alors on aura :

Nombre d'arpents................. 24,000,000
Nombre de mesures de 1 000 toises
   carrées....................... 32,266 2/3
Mesures carrées de 1 000 toises, cultivées :
Par les chevaux................. 9,410,333 1/3 (1)
Par les bœufs 13,581,066 2/3

COMPTE GÉNÉRAL DES PRODUCTIONS DU ROYAUME DIVISÉ PAR CHAPITRES.

COMPTE DE L'AVOINE

Production.

La quantité totale d'avoine recueillie dans le royaume s'élève, année commune, à 400,000,000 de boisseaux, mesure de Paris.

Emploi.

Sur cette quantité totale d'avoine, l'agriculture en consomme 345,250,000 boisseaux, et les chevaux des villes et du roulage 54,750,000 boisseaux du même poids.

Les 54,750,000 boisseaux d'avoine que l'agriture fournit aux villes et au roulage lui sont

(1) Ces nombres diffèrent de ceux de la brochure où Lavoisier indique 9,600,000 arpents, mesure de Roi, pour la surface cultivée en blé par les chevaux et 9 millions d'arpents pour la surface cultivée par les bœufs.

payés, voiture comprise, à raison de 12 sols par boisseau, mesure de Paris, ce qui lui forme un bénéfice de 32,850,000 livres ; le surplus de la production ne doit point être compté parce qu'il est consommé par les chevaux et bestiaux attachés à l'agriculture.

COMPTE DES FOURRAGES.

Production.

Il est inutile de porter ici en recette la quantité de fourrages consommée chaque année en France par l'agriculture, puisqu'il n'en résulte aucun produit. Les fourrages servent ou à nourrir les chevaux et bœufs destinés à la culture, ou à engraisser les bestiaux destinés à être vendus. Les porter en recette et en produit, ce serait faire un double emploi, puisque la valeur de ces fourrages se trouve comprise dans le prix des bestiaux, et que ce serait compter deux fois la même chose.

Il serait d'ailleurs extrêmement difficile de connaître la production totale de fourrages dans le royaume.

Cette explication s'applique à la paille d'avoine, d'orge, etc., qui ne passent pas dans les villes.

Emploi.

Les réflexions ci-contre, relatives à la production, s'appliquent à l'emploi.

D'après ces réflexions, il n'y a à porter en recette au profit de l'agriculture que la quantité de fourrages qu'elle fournit aux villes et au roulage. On l'a évaluée ailleurs à 821,250,000 livres de foin, qui, à raison de 1 livre 10 sous le quintal, frais de transport compris, font rentrer à l'agriculture une somme de 12,318,750 livres.

COMPTE DES BESTIAUX.

Production et emploi.

On ne portera ici en produit que la quantité de bestiaux consommés par les habitants des villes et par ceux en général qui ne sont pas salariés par l'agriculture.

On a vu ailleurs que ces quantités étaient de :

Bœufs	897,000
Vaches	454,000
Veaux	1,482,500
Moutons	3,756,250
Porcs	489,166

et que le produit annuel qui en résultait était de 169,050,000 livres. C'est là véritablement le produit net de tous les herbages et fourrages du royaume. Il se pourrait que cette évaluation fût un peu faible, mais, d'un autre côté, il faut réserver quelque chose pour le bénéfice du cultivateur, et on ne peut pas supposer qu'il rend la totalité de ce produit au propriétaire. Cette dernière considération pourrait engager à réduire à 160 millions de livres le produit des herbages et fourrages de toute espèce dans le royaume, à quoi cependant il faut ajouter le prix du beurre, du lait, des œufs fournis aux habitants des villes, ainsi que celui des laines.

COMPTE DES PAILLES.

Production.	*Emploi.*	
Pailles de blé et de seigle, 22 milliards.	Consommé par l'agriculture pour la nourriture et la litière des chevaux et bestiaux......	20,905,000,000
	Vendu pour les chevaux des villes et pour ceux du roulage	1,095,000,000
	TOTAL.........	22,000,000,000

La paille vaut, voiture comprise, et livrée dans les villes, prix moyen, 15 sous le quintal.

Ainsi le bénéfice de l'agriculture sur cet objet, sa propre consommation prélevée, monte à 5,475,000 livres.

COMPTE DES BOIS.

Ce serait une chose extrêmement difficile, et peut-être impossible, que de faire le compte exact de la récolte du bois et de son emploi dans le royaume ; on n'a sur cet objet que des renseignements incertains et incomplets.

La récolte du bois fournit au chauffage, à la cuisson du pain, aux ouvrages de charpente et à ceux de boissellerie, tels que sabots, seaux, pelles, etc., enfin aux ouvrages de charronnage.

Si on voulait considérer en masse tous les produits de l'agriculture et les considérer comme appartenant au même propriétaire, on pourrait simplifier beaucoup l'opération en ne portant cette nature de production ni en récolte ni en dépense pour tout ce qui concerne l'agriculture et ses agents : ce serait implicitement supposer que le propriétaire général coupe dans ses bois tout ce qui est nécessaire au chauffage, aux réparations ou autrement; mais, dans tout ce qui a été fait jusqu'ici, nous avons voulu séparer le compte des agriculteurs ou plutôt des agents de l'agriculture, de celui des autres productions : mais il ne peut résulter aucune erreur dans le compte général si nous portons en recette au profit des populations des bois une somme égale à celle que nous portons en dépense au compte des agriculteurs.

Alors la récolte du compte des bois sera formée :

1° Des objets portés en dépense au compte de l'agriculture;

2° Des livraisons de toute espèce faites aux habitants des villes.

VIGNES.

Sur 25 millions d'habitants qui existent en

France, il faut en retrancher les enfants, qui ne boivent pas de vin, surtout ceux en bas âge.

Reste 18 millions, composés de moitié femmes, qui boivent peu de vin. On peut évaluer le tout, l'un dans l'autre, à un quart de bouteille par jour.

Ce serait 4 millions 500,000 bouteilles par jour, et par an...	1,642,500,000 bouteilles.
Exportation: 2 millions de muids de 300 bouteilles..........	600,000,000
TOTAL............	2,242,500,000

A 1000 bouteilles par 1000 toises carrées, ce seront 2,242,500 mesures de 1000 toises carrées que contiendra le royaume.

Un vigneron dont la famille est composée de 5 personnes ne peut cultiver que 10 de ces mesures; ainsi la vigne occupe 224,250 familles de 5 personnes, c'est-à-dire 1,121,250 personnes, hommes, femmes et enfants.

Compte des vignes d'après M. Paulze.

1,600,000 arpents cultivés en vigne dans le royaume produisent 6 muids de vin l'un dans l'autre, année commune (1), en tout 9 millions 600,000 muids de vin.

(1) On ne croit pas que le produit des vignes doive être estimé à plus de 4 muids par arpent, ou 1,200 bouteilles, année commune. Un vigneron, dans l'Orléanais, fait 6 arpents de vigne. L'arpent de Blois est de 1000 toises, celui du Roi est de 1344' 75; donc un vigneron peut faire 9600 toises carrées, ou près de dix mesures de 1000 toises.

Dans les provinces d'aides..   4,000,000 de muids.
Dans les autres.............   5,000,000
                              ─────────────
          TOTAL.............   9,000,000

Il se consomme 20,000 muids par jours, à raison de un quart de pinte par personne (1); c'est par an 7,300,000 muids; le surplus, montant à 2,300,000 muids, s'exporte.

Il en sort par le port de Bordeaux :

Vin et vinaigre ....   72,000 tonneaux.
Eau-de-vie...................   8,000

SOIE.

Le royaume en récolte 2,000,000 de livres à 30 livres la livre; il en tire 1,000,000 de l'étranger.

Production par provinces.

Languedoc...................   1,100,000
Provence....................   300,000
Dauphiné....................   400,000
Touraine et autres provinces..   200,000
                              ─────────────
          TOTAL.............   2,000,000

DU PRODUIT D'UNE FERME DE TROIS CHARRUES ET DE SA DÉPENSE.

Une ferme de trois charrues conduites par des chevaux cultive en blé 421 mesures de

(1) Cette évaluation est forcée à cause des enfants et des femmes, du cidre, de la bière.

1000 toises carrées. Elle peut produire, qualité moyenne de terre et année commune, 90,750 livres pesant de blé. Suivons-en l'emploi.

La ferme est composée de 11 personnes qui consomment, savoir :

Quatre enfants, à 12 onces par jour....	1,096 livres.
Sept personnes adultes, à 600 livres chacune....................................	4,200
	5,296
Pour les survenants et les mendiants.	704
Total........................	6,000
Semences, à raison de 125 par mesure de 1000 toises carrées..............	15,125
Dîme à la 20ᵉ.......................	4,537
	25,662
De........................	90,750
Reste........................	65,088
Part du propriétaire, à raison du tiers sur le tout, vingtièmes à déduire...	30,250
Total........................	34,838

DÉPENSES.	En blé.		En argent.	
Vingtièmes à la charge du propriétaire.....................	3,630 liv. pes.		363ˡ	0ˢ
Taille et accessoires............	7,260	0	726	0
Frais de mouture, à 2 livres par mesure de 1000 toises carrées pour le blé, et à raison de 1ˡ 5ˢ pour les mars...............	4,935	0	493	10
A reporter............	15,825	0	1,582	10

DÉPENSES.	En blé.		En argent.	
Report................	15,325 liv. pes.		1,532ᶩ 10ˢ	
Blé de consommation extraordinaire pour les moissons.....	1,000	0	100	0
Frais de nourriture des moissonneurs autres que pour le pain.	1,000	0	100	0
Gabelles.....................	720	0	72	0
Tabacs.....................	100	0	10	0
Achat de vin, 8 pièces à 15 livres, y compris la moisson...	1,200	0	120	0
Aides.....................	100	0	10	0
Charron et bourrelier.........	1,200	0	120	0
Achat de bois...............	500	0	50	0
Entretien de linges et hardes..	1,200	0	120	0
Trois laboureurs à 72 livres de gages.....................	2,160	0	216	0
Une servante...............	360	0	36	0
Un berger.................	300	0	80	0
Achat de foin, 2 arpents.......	1,200	0	120	0
Frais de battage de blé, seulement à 3 livres par millier...	2,722	10	272	5
Remonte de chevaux..........	3,000	0	300	0
Épicerie et dépenses diverses, telles que huile, etc.........	500	0	50	0
Frais de communauté et entretien du presbytère..........	150	0	15	0
Maladies, chirurgien, etc......	150	0	15	0
Journées d'ouvriers..........	240	0	24	0
Poteries, ustensiles de ménage, etc.................	120	0	12	0
Remplacement de la corvée, environ le 1/6 des impositions..	1,210	0	121	0
TOTAL...............	31,827	10	3,182	15

Récapitulation.

Récolte totale du blé pour trois charrues.. 90,750 livres

Dépense.

Dîme à la vingtième......................		4,537 livres.
Vingtièmes	3,630¹	
Taille et accessoires	7,260	
Droit représentatif de la corvée..	1,210	
Gabelle..........................	720	
Tabac............................	100	
Aides............................	100	
		13,020
Total....................		17,557

Répartition de la récolte.

Semences à prélever......................	15,125¹	0ˢ
Consommation de la ferme...............	6,000	0
Dépense des moissons	6,925	0
Frais de battage du blé..................	2,722	1/2
Autres dépenses d'exploitation............	12,780	0
Total des frais d'exploitation......	43,563	1/2
Recette totale	90,750	0
Donc, part que pourrait avoir le propriétaire, sauf à en abandonner une portion au fermier...	47,188	1/2
Les droits de toute espèce en absorbent..	17,557	0
Reste au propriétaire.............	29,631	1/2

Il ne reste rien dans ces calculs pour le bénéfice du fermier ni pour l'intérêt de ses avances : 1° parce que la plupart des fermiers vivent et n'amassent rien, et qu'un grand nombre s'estiment heureux quand ils ont vécu eux et leur famille sans s'arriérer ; 2° parce qu'on ne compte ici pour rien le produit de la tonte des bestiaux, du commerce des bêtes à laine, des ventes d'agnaux, de veaux, de fromage, qui font un produit assez considérable, et qu'on suppose appartenir exclusivement au fermier. Il serait heureux et riche si le propriétaire n'entamait pas ce produit, qui est celui de son industrie.

En rapportant tous ces résultats dans la proportion de 1000, on trouve ce qui suit :

Partage de la récolte.

	Sur 90,750.		Sur 1000.
Semences...................	15,125¹	0	163
Consommation..............	6,000	0	67
Frais de moisson...........	6,925	0	77
Frais de battage...........	2,722	1/2	30
Autres frais de toute espèce.	12,780	8	142
Dime et vingtièmes.........	4,547	9	54
Taille et accessoires........	7,260	0	80
Vingtièmes.................	2,700	0	30
Représentation de la corvée..	1,210	0	13
Aides, gabelle, tabacs........	3,000	0	33
Part du propriétaire........	28,490	10	306
Totaux.............	90,750	0	1,000

PRODUIT TOTAL DES RÉCOLTES DU ROYAUME.

La récolte totale du blé est, comme on l'a vu ailleurs, de 14 milliards de livres (*en poids*), ou de 1,400,000,000 livres (*argent*), mais ce n'est là qu'une portion du produit du territoire.

Tout homme consommant par an, l'un dans l'autre, environ 150 livres (*argent*), il en résulte que tous les habitants du royaume consomment

ensemble 3,750,000,000 livres. Quand on ne cal-
culerait que sur une consommation annuelle de
120 livres, ce qui peut-être est suffisant à cause
du grand nombre d'enfants, on aurait un total
de 3 milliards pour la consommation des
hommes Cette consommation comprend la nourriture de toute espèce, et par conséquent le
produit des bestiaux de tout le royaume, des
laines employées en habillement, du cuir, du
chanvre, de la toile, la consommation du bois,
les frais de logement, etc.

Il ne reste, pour avoir la consommation entière du royaume, qu'à ajouter à cette somme
la consommation des bestiaux, encore celle des
bœufs y est-elle comprise, car la valeur du
bœuf que l'on vend pour la boucherie doit
représenter à peu près les consommations qu'il
a faites.

Quoi qu'il en soit, on a vu qu'il n'y avait que
700,000 chevaux (1) occupés à labourer dans les
pays de grandes cultures, à quoi il faut ajouter
les chevaux existant dans les pays de petites
cultures où l'on cultive avec des bœufs. On en
peut évaluer un par charrue, et par conséquent
466,666. Enfin les chevaux des voitures des
villes et des rouliers des routes, qu'on peut évaluer à 150,000 au plus.

(1) Dans la brochure, Lavoisier a adopté le chiffre de
960,000 pour le nombre de chevaux occupés à des travaux
agricoles dans les pays de grandé culture, et 600,000 dans
les autres. Le total indiqué pour les chevaux est de
4,781,500 au lieu de 1,316,667.

Les nombres ronds donnent un total de 1,316,667 (1).

On peut évaluer le nombre des bœufs à cinq par charrue, élèves compris, ce qui donne pour le nombre de bœufs, **2,333,333**

A quoi ajoutant un sixième pour ce qui chaque année est à l'engrais, c'est-à-dire.............................. **388,888**

On aura pour le total des bœufs....... **2,722,221** (2)

On n'a aucune base pour évaluer le nombre des vaches du royaume. Si on ne considérait que les laboureurs et fermiers, on pourrait compter sur deux vaches par charrue environ, et le nombre qu'on obtiendrait serait de 1,400,000, mais, d'un autre côté, bien des ménages de campagne ont des vaches. Il y a 3 à 4 millions de ménages de campagne; le nombre des vaches peut aller à pareille quantité, mais on ne croit pas qu'il puisse excéder 4 millions.

A l'égard des moutons, en les évaluant à 40 par charrue, on aurait un total de 28 millions de moutons; ce nombre pourrait bien être forcé.

Si l'on veut connaître la consommation de ces différents animaux, on trouvera d'abord, à l'égard des chevaux, qu'un fort cheval consomme environ son boisseau par jour, mais comme les chevaux de ferme ne mangent pas

(1) A corriger pour le nombre et la consommation des chevaux (Note de Lavoisier).

(2) Lavoisier a adopté dans la brochure le chiffre de 3,089,000.

ordinairement d'avoine pendant l'hiver, on peut évaluer à 240 le nombre de boisseaux que mange annuellement un cheval. C'est à peu près 4 muids de Blois, et pour la totalité des chevaux du royaume 5,266,668 muids. Cette quantité est fonruie par 14 à 15 millions d'arpents qui se cultivent chaque année en France ou environ. Ces 14 millions d'arpents exigent chacun 6 boisseaux de semences, soit 1,400,000 boisseaux de semences. Ainsi le royaume récolte en totalité 6,666,667 muids, mesure de Blois, ce qui donne en boisseaux mesure de Paris, contenant 20 livres de blé, 400,000,000, et par arpent, mesure de Roi, 28 boisseaux $\frac{311}{1000}$.

Le prix de l'avoine peut être évalué pour la moyenne du royaume à 10 sous par boisseau, ce qui donne pour la valeur totale de la récolte en avoine 200 millions de livres.

En supposant que le nombre des chevaux de ville et de roulage soit de 150,000, comme on l'a évalué plus haut, leur nourriture à 363 boisseaux par an, évaluée à 12 sous le boisseau, voiture comprise, formerait 219 livres par cheval, et pour 150,000 chevanx, 32,650,000 livres. Cette somme est encore versée par les habitants des villes, les voyageurs et rouliers de la classe des cultivateurs, dont elle augmente le profité mais cette somme se partage principalement aux cultivateurs des environs des villes.

Les chevaux de travail mangént bien 15 livres de foin par jour; en partant de cette quantité moyenne pour tous les chevaux du royaume, il se consomme en France, pour les chevaux, 7,208,750,000 livres de foin.

Sur cette quantité, l'agriculture en vend au commerce pour la consommation des 150,000 chevaux des villes et des rouliers, à raison de 15 livres par cheval, 821,250,000 livres pesant, au prix de 1 livre 10 sous le quintal, frais de transport compris, ce qui verse encore dans la classe des agriculteurs une somme de 12,318,750 livres. Ce nombre de chevaux peut consommer, à raison de 20 livres de paille par chacun, 3,000,000 de livres de paille par jour, et par an 1,095,000,000 livres pesant. La paille vaut environ 7 livres 10 sous le millier pesant, à 15 sous le quintal, voiture comprise; ainsi l'agriculture fournit aux villes et au roulage pour une somme de 5,475,000 livres de paille.

La fourniture des bestiaux faite par l'agriculture est difficile à calculer. Essayons cependant un aperçu.

Il entre à Paris, à peu près, année commune :

Bœufs...........................	70,000
Vaches..........................	1,800
Veaux...........................	120,000
Moutons.........................	350,000
Cochons.........................	35,000
Chair morte.....................	600,000 livres.

Chaque bœuf fournit........	700 livres de viande.
Chaque vache..............	250

Un veau................... 40 livres de viande.
Un mouton................. 40
Un porc................... 200

Consommation de la ville de Paris en livres de viande :

Bœufs............................	49,000,000 livres.
Vaches...........................	4,500,000
Veaux............................	7,200,000
Moutons..........................	14,000,000
Porcs............................	7,000,000
Chair morte......................	600,000
Total de la consommation de Paris.	82,300,000

Il y a à Paris 550,000 personnes de tout âge et de tout sexe. Chaque personne consomme donc, l'un dans l'autre, 150 livres de viande, soit par jour 6 onces 4 gros 1/3.

On compte 8 millions d'habitants des villes, sur quoi retranchant 550,000 pour Paris, reste pour les villes de province 7,450,000 habitants.

On doit consommer moins dans les villes de province qu'à Paris ; on y doit consommer moins de moutons ; on y doit consommer des bœufs et des veaux plus petits.

On voit qu'on ne doit pas évaluer a guère plus de 4 onces de viande par personne la consommation des habitants des villes, c'est-à-dire par an à 91 livres 4 onces, ou prendre, pour plus de commodité dans les calculs, 100 livres par an, savoir :

Bœuf	30 livres.
Vache	20
Veau	10
Mouton	25
Porc....................	15
Total.............	100

Sans calculer le nombre de bestiaux, en évaluant à 5 sous la livre l'un dans l'autre le prix de la viande, ce serait une somme de 25 livres par habitant des villes ; cette évaluation pourrait être un peu faible.

Nous avons évalué ailleurs à 8 millions le nombre des habitants des villes, mais dans ce nombre on comprend un assez grand nombre de personnes attachées à l'agriculture ou salariées par l'agriculture ; on croit donc pouvoir restreindre à 5,450,800 le nombre des habitants des villes proprement dits, déduction faite de 550,000 habitants de Paris. Ce nombre, multiplié par 25 livres, donne une somme de 136,250,000 livres que les habitants des villes versent dans la classe des agriculteurs ; ce revenu appartient plus particulièrement aux pays de petite culture. Cette somme, quoique excessivement forte, est cependant très probablement au-dessous de l'effectif.

Il faut y ajouter la consommation de Paris, qui, à raison de 82 millions de livres de viande à 8 sous la livre, droits déduits, forme un objet de 32,800,000 livres, lesquelles, ajoutées à 136,250,000 livres, donnent un total de 169,050,000 livres.

Si l'on veut maintenant calculer le nombre de bœufs consommés dans les villes d'après l'évaluation ci-dessus, on trouvera le calcul suivant en comptant les bœufs à 500 livres, les vaches à 200, les veaux à 50, les moutons à 40, les porcs à 200 :

Bœufs......................	327,080
Vaches (1)....................	545,000
Veaux (2)....................	1,090,000
Moutons....................	3,406,250
Porcs......................	408,750

Ces nombres ne comprennent que la consommation des villes de province ; en y ajoutant la consommation de Paris, on aura :

Bœufs......................	397,000
Vaches.....................	454,000
Veaux......................	1,482,500
Moutons....................	3,756,250
Porcs	443,750

Consommation du blé dans le royaume.

Sur les 25 millions d'habitants du royaume, il y a 6,350,000 enfants de dix ans et au-dessous. Ils mangent l'un dans l'autre 12 onces de pain par jour, ou 12 onces de blé :

(1) Si l'on évaluait le poids des vaches à 250 livres, on aurait 436,000 vaches.

(2) On pourrait peut-être, avec plus de vérité, évaluer le poids des veaux à 40 livres, et alors on aurait, pour le nombre des veaux, 1,362,500.

C'est par an 274 livres de blé, par individu et pour les 6,350,000..	1,739,000,000 livres.
Il resté pour les adultes, au nombre de 18,650,000, femmes et vieillards compris, à raison de 500 livres par individu...............	9,325,000,000
TOTAL de la consommation du blé dans le Royaume........	11,064,000,000

En évaluant la consommation des adultes à 550 livres, ce qui paraîtrait plus approchant de la vérité, on aurait :

Pour les enfants..................	1,739,000,000 livres.
Pour les adultes.................	10,257,500,000
TOTAL...............	11,996,500,000

Ce serait 12 milliards pesant de blé, à quoi en ajoutant 2 milliards de blé pour les semences, à raison d'un sixième, le total de la production du royaume serait de 14 milliards de livres.

RECHERCHES

SUR LA CONSOMMATION EFFECTIVE DES HABITANTS DES VILLES ET DES CAMPAGNES.

Dépense d'un petit ménage de campagne composé d'un manouvrier, d'une femme et de trois enfants.

Deux pains et demi à trois pains de 12 livres par semaine, suivant l'âge des enfants ; on comptera sur 35 livres par semaine, c'est-à-dire sur 5 livres par jour :

C'est par an 1,825 livres qui, à 2 sous, font une somme de......................	182ˡ	10ˢ
Loyer d'une maison avec un petit jardin..	24	0
Imposition	3	10
Impositions indirectes....................	12	0
Loyer d'une vache, au moins..............	6	0
Habillement du père....................	12	0
Habillement de la mère..................	12	0
Habillement des enfants.................	12	0
TOTAL.......................	264	0

Voilà le strict nécessaire, mais il est peu de ménages réduits à cette extrême misère. On peut donc évaluer à 300 livres la dépense des familles les plus misérables. En supposant la famille composée de cinq personnes, c'est 60 livres par individu. Voilà la dernière étape.

Bénéfice d'un manouvrier.

Battage en grange pendant les mois de septembre, octobre, novembre, décembre, janvier, février et mars, pendant 6 mois au plus, et comme il y a le temps des maladies, la probabilité du manque d'ouvrage, on ne compte que 5 mois à 26 jours par mois, à cause des dimanches et fêtes, c'est 130 jours.

Un batteur bat un muid par semaine, à 6 livres, c'est 20 sous par jour, et pour les 130 jours...........................	130 livres
24 jours de fauchage et fanage à 1 livre 5 sous.	30
La moisson lui vaut....................	36
Profit de la vache et de quelques poules...	30
Filature de la femme pendant l'hiver,.....	14
A reporter....................	240 livres.

<pre>
              Report.............   240 livres
Journées pendant les semailles...........   12
Remplacements, etc......................   12

      Total.....................   264
</pre>

Dans les calculs, je supposerai qu'un batteur en grange gagne 150 livres dans son hiver. Les frais de battage sont de 10 sous par quintal environ et forment au total une somme de 70 millions de livres, qui, divisée par 150 livres, donne 466,666 hommes et environ 2 millions d'individus, hommes, femmes et enfants.

A 150 livres par trois charrues, les frais de maréchal, bourrelier, charron, etc., formeront pour la totalité de la récolte en proportion une somme de 23,145,000 livres, qui, divisée par 300 livres, bénéfice des ouvriers ci-dessus cités, suppose 77,150 familles d'ouvriers attachés à l'agriculture, qui, multipliées par 4, donnent 318,600 individus. On croit cette proportion trop forte.

ÉVALUATION DU NOMBRE DE CHEVAUX EXISTANT DANS LES VILLES.

Les chevaux de travail, tels que ceux de fiacre, consomment à Paris un boisseau par jour, ou 365 boisseaux par an. Les chevaux bourgeois et ceux de charrettes, de médiocre grosseur, n'en consomment que 3 picotins, ou trois quarts de boisseau, ce qui fait par an 274 boisseaux; on partira de l'évaluation moyenne de 288 boisseaux ou de un muid par cheval, et comme il entre à Paris 21,409 muids d'avoine, se serait 21,409 chevaux que contiendrait la ville de Paris.

En évaluant la consommation du foin à une botte par jour, c'est-à-dire à 10 livres, chaque cheval consomme par an 365 bottes, ou 3650 livres pesant de foin; mais il est à observer que les chevaux bourgeois mangent en général très peu de foin, qu'il en est qui n'en mangent point, qu'on peut dire la même chose des chevaux de main. On voit donc que la moyenne de consommation du foin à Paris n'excède pas 3000 livres pesant.

Il entre à Paris, année commune, 6,388,380 bottes de foin pesant à peu près 63,883,800 livres, qui, divisées par 3000, consommation moyenne d'un cheval, donnent pour le nombre des chevaux existant à Paris 21,295.

Peut-être faut-il ajouter à ces quantités quelque chose pour l'avoine et le foin qui entrent en fraude ou sur de fausses déclarations, mais on peut toujours présumer que le nombre des chevaux à Paris n'est pas au-dessous de 20,000 ou au-dessus de 22,500.

La population des villes du royaume est de 6 millions environ, celle de Paris de 500,000 personnes; ainsi, en supposant que le nombre des chevaux des provinces soit, proportionnellement à la population, le même dans les villes de province qu'à Paris, il serait entre 240,000 et 270,000; mais il est, d'un autre côté, certain

que le nombre des chevaux qui ne sont pas
employés à l'agriculture dans les villes de province est beaucoup moindre qu'à Paris. Si on
croyait que ce nombre fût de moitié, on trouverait, en multipliant par 6 le nombre des chevaux de Paris, que celui des villes de province
est entre 120,000 et 135,000 ; peut-être faut-il le
porter à 150,000, à quoi il faut ajouter les chevaux de roulage et de messageries qui sont à
la solde du commerce et des villes, et évaluer
le tout à 180,000.

On évaluera la consommation de ces chevaux
à 10 livres de foin par jour, ou à 3 650 livres
par an, ce qui fait pour les 180,000 chevaux
657,000,000 livres pesant, lesquelles, à raison de
1 livre 10 sous le quintal, valent 9,855,000 livres.

Les chevaux des villes mangent un muid d'a-
voine à 288 boisseaux, mesure de Paris, par an,
c'est 180,000 muids d'avoine, mesure de Paris.

Les chevaux de la cavalerie française sont
31,476, mais le nombre des chevaux composant
l'armée, même en temps de paix, est plus considérable ; on peut, je crois, le porter à 40,000.
L'État paye donc ou plutôt rend donc une
somme pour cet objet à l'agriculture.

RÉFLEXION SUR L'ORGANISATION MILITAIRE.

Chaque régiment d'infanterie est de 2 069 hommes de toute classe, et la dépense est de
733,599 livres.

C'est par homme, l'un dans l'autre, officiers et soldats, 354 livres 11 sous 4 deniers ; cette somme suffit à la dépense commune, y compris l'entretien et les consommations de toute espèce. Les appointements du simple fusilier sont de 251 livres par an, c'est environ 13 sous 9 deniers par jour. Il semble que c'est à peu près la dépense moyenne des personnes qui vivent bien et qui se vêtissent bien, mais ce sont des adultes, et des adultes vigoureux.

Supposons que dans un ménage de campagne le chef consomme autant qu'un soldat :

	l	s	d
On portera ici sa dépense à	251	0	0
Celle de sa femme aux deux tiers......	169	6	8
Pour trois enfants supposés en bas âge, au moins pour deux..............	167	6	8
TOTAL....................	587	13	4

Ce serait pour chaque individu 117 livres 2 sous 8 deniers.

Pour subvenir à cette dépense, il faudrait que le chef de famille et sa femme gagnassent par jour, déduction faite des dimanches et fêtes, environ 1 livre 13 sous 3 deniers ; c'est certainement tout ce qu'un manouvrier peut gagner. Il paraît donc que, les enfants compris, on ne peut supposer la dépense moyenne des individus que de 120 livres au plus, comme Voltaire l'avait admis dans sa brochure. Alors la production territoriale du royaume ne serait que de trois milliards, et en effet il ne faut pas calculer davantage.

On dira peut-être que pour avoir une idée de la consommation moyenne, il aurait fallu prendre la dépense moyenne des officiers et des soldats, qui est de 354 livres 11 sous 4 deniers par jour. On ferait une faute grave, car l'officier ne consomme intrinsèquement pas beaucoup plus que le soldat, et cette réflexion peut s'appliquer à presque tous les gens riches ; mais l'officier a son domestique, des chevaux, etc. Sa solde comprend donc non seulement sa consommation personnelle, mais celle de plusieurs autres individus. Il faudrait donc, si l'on faisait entrer à la masse les appointements des officiers, faire entrer dans la consommation celle des individus à leur solde, et alors on reviendrait à la consommation moyenne de 120 livres.

On objectera peut-être que la consommation des habitants aisés des villes est beaucoup plus forte, et cela est vrai, sans cependant que la différence soit aussi considérable qu'on le pense ; mais aussi la classe des manouvriers ne consomme l'un dans l'autre que jusqu'à concurrence de 60 à 70 livres ; la moyenne de 120 livres est plutôt forcée qu'autrement.

L'excès de dépense des gens aisés des villes est plus dans l'habillement que dans la nourriture.

BIBLIOGRAPHIE

**Œuvres de Lavoisier, publiées par les soins
du ministre de l'instruction publique.**

6 volumes in-4° (1864-1893).

Le dernier volume, édité par E. Grimaux, renferme les divers écrits économiques de Lavoisier, savoir :

Fragments d'un éloge de Colbert (1771).

Calculs des produits de différents baux de la Ferme générale avec des détails très particuliers sur les frais de régie du bail de Laurent David (1774).

Mémoires au comité de l'agriculture (déjà publiés en grande partie dans l'ouvrage de MM. Pigeonneau et de Foville : *L'administration de l'agriculture sous le contrôle général,* in-8°, 1882) : Rapport sur l'organisation des travaux du comité (1785); Mémoire sur le comité d'agriculture (1787) ; Mémoire sur la disette des bestiaux (1786); Instruction sur l'agriculture pour les assemblées provinciales (1786) ; Mémoire sur les encouragements qu'il est nécessaire de donner à l'agriculture (1787).

Mémoires présentés à l'assemblée provinciale de l'Orléanais (1788) déjà publiés pour la plupart dans le « *Procès-verbal de l'assemblée provinciale de l'Orléanais,* in-8, 1788 » :

Sur le rachat des charges de finance, l'établissement d'une caisse d'escompte et la création d'une caisse de bienfaisance; sur l'agriculture et le commerce de l'Orléanais; sur la perception du droit sur les cuirs; sur la

corvée et sur les suites de sa conversion en une contribution pécuniaire.

Instruction donnée par la noblesse du bailliage de Blois à ses
députés aux États Généraux (publiée en 1789).

Réflexions sur les assignats et sur la liquidation de la dette
exigible ou arriérée lues à la Société de 1789 (publiées en
1790).

Addition aux observations de M. Lavoisier sur la liquidation
de la dette exigible ou arriérée (publiée en 1790).

Résultats extraits d'un ouvrage intitulé : *De la richesse
territoriale du royaume de France* (publiés en 1791 et
plusieurs fois reproduits).

De l'état des finances en France au 1er janvier 1792 (publié
en 1791).

Réflexions sur l'instruction publique présentées à la Convention nationale par le bureau de consultation des arts
et métiers (publiées en 1793).

**Lavoisier (1743-1794), d'après sa corres-
pondance, ses manuscrits, ses papiers de
famille et d'autres documents inédits,
par Edouard Grimaux, in-8°, 1888.**

TABLE

8200-94. — Corbeil. Imprimerie Éd. Crété.

www.ingramcontent.com/pod-product-compliance
Ingram Content Group UK Ltd.
Pitfield, Milton Keynes, MK11 3LW, UK
UKHW021921070726
13614UKWH00001B/171